LE GRAND LIVRE
des fruits de mer
et des poissons

200 RECETTES DE

Sushis • Crustacés • Mollusques • Poissons

Guy Saint-Jean
ÉDITEUR

Catalogage avant publication de la Bibliothèque nationale du Canada

Vedette principale au titre :
Le grand livre des fruits de mer et des poissons
Traduction de : *The great seafood cookbook.*
Comprend un index.
ISBN 2-89455-142-8
1. Cuisine (Fruits de mer). 2. Cuisine (Poisson). 3. Sushi. 4. Fruits de mer,. 5. Poisson (Aliment).
TX747.G7314 2003   641.6'92   C2003-940718-7

Nous reconnaissons l'aide financière du gouvernement du Canada par l'entremise du
Programme d'Aide au Développement de l'Industrie de l'Édition (PADIÉ) ainsi que celle de
la SODEC pour nos activités d'édition.

Patrimoine   Canadian   Canadä   SODEC
canadien   Heritage   Québec

Gouvernement du Québec — Programme de crédit d'impôt pour l'édition de livres — Gestion
SODEC

Dépôt légal Bibliothèque et Archives nationales du Québec, Bibliothèque et Archives Canada
2003
ISBN 978-2-89455-142-4

DISTRIBUTION ET DIFFUSION
Amérique : Prologue
France : Dilisco S.A.
Belgique : La Caravelle S.A.
Suisse : Transat S.A.

GUY SAINT-JEAN ÉDITEUR INC.
3440, boul. Industriel, Laval (Québec) Canada. H7L 4R9 • Tél.: 450 663-1777
Courriel : info@saint-jeanediteur.com • Web : www.saint-jeanediteur.com

Imprimé et relié en Chine

ASSOCIATION
NATIONALE
DES ÉDITEURS
DE LIVRES

SOMMAIRE

Achat et conservation

Au moment de l'achat d'un poisson, assurez-vous de sa fraîcheur et si vous désirez le congeler, assurez-vous qu'il n'a pas déjà été surgelé. Voici quelques indices qui vous permettront de savoir si le poisson est frais :

- L'odeur du poisson ne doit pas être forte mais douce et agréable.

- Sa chair doit être ferme, sa peau doit être lisse et glissante au toucher et sans décoloration jaunâtre.

- Les yeux d'un poisson entier doivent être brillants et ses branchies bien rouges.

Si vous craignez que vos enfants n'avalent des arêtes, achetez des poissons sans arêtes ou désossés. Achetez alors de préférence de l'aiguillat commun (ou du colin désossé), de l'espadon, du merlan, du thon, de la perche de mer, du saumon, du saint-pierre ou de la truite saumonée. Vous pouvez aussi vous procurer des filets de saumon et de truite désossés chez votre poissonnier.

Si le poisson acheté est dans un emballage de plastique, déballez-le dès que vous arrivez à la maison et placez-le dans un plat de verre ou d'acier inoxydable.

Couvrez le plat d'un linge humide et gardez-le dans la partie la plus froide du réfrigérateur.

Consommez le poisson le plus rapidement possible et si vous ne le préparez pas le lendemain, gardez le plat sur un lit de glace concassée.

Si vous congelez des poissons entiers ou des filets, emballez-les dans des feuilles de plastique individuelles de manière à ce qu'ils restent séparés. Faites toujours dégeler un (du) poisson au réfrigérateur ou au micro-ondes. Ne le dégelez jamais à la température ambiante et ne congelez jamais un poisson une deuxième fois.

Photo 1

Photo 2

Photo 3

Photo 4

Photo 5

Photo 6

Préparation des poissons

Les deux principaux types de poisson décrits ici sont les poissons plats (flet ou carrelet, sole) et les poissons «ronds» (rouget, morue). Les deux types de poisson doivent être nettoyés chacun selon un mode particulier.

ÉCAILLAGE ET ÉBARBAGE DES POISSONS

La majorité des poissons doivent être écaillés. Les exceptions à cette règle sont la truite, le thon, le requin et certains autres poissons décrits dans le livre.

Quand on fait pocher un poisson entier (non désossé), il est préférable, de manière à ce qu'il ne se désagrège pas, de ne pas lui enlever ses nageoires.

Au moment d'écailler un poisson, il faut d'abord le laver et le laisser mouillé. On écaille le poisson, en grattant de la queue vers la tête, à l'aide d'un écailleur ou d'un couteau pas trop coupant. (Photo 1)

On coupe ensuite la nageoire dorsale à l'aide de ciseaux. On peut aussi la couper en en entaillant la chair de chaque côté à l'aide d'un couteau bien coupant ; il suffit ensuite d'arracher la nageoire en la tirant vers la tête. (Photo 2)

ÉVIDAGE DES POISSONS

La méthode d'évidage varie selon qu'il s'agit d'un poisson rond ou d'un poisson plat. Si on planifie de désosser un poisson ou d'en faire des filets, il suffit de l'évider par le ventre. Toutefois, pour conserver la forme d'un poisson entier, il faut l'évider par les ouïes.

Poissons ronds

Pour désosser un poisson rond ou en faire des filets, il faut d'abord, à l'aide d'un couteau bien tranchant, couper la tête du poisson juste sous les branchies. On pratique ensuite une incision de l'anus aux ouïes avec des ciseaux ou un couteau. Il suffit alors d'enlever les membranes, les veines et les viscères du poisson. Le poisson est ensuite bien lavé à l'eau froide courante. (Photo 3)

Si on désire servir un poisson rond entier, il faut d'abord faire une petite incision près des ouïes puis en retirer les viscères et les branchies avec l'index. Le poisson est ensuite bien lavé à l'eau froide courante. (Photo 4)

Poissons plats

Pour éviscérer un poisson plat, faire une petite incision près des ouïes puis retirer les viscères et les branchies avec l'index. Le poisson est ensuite bien lavé à l'eau froide courante. (Photo 5)

DÉPOUILLAGE DES POISSONS

La peau goûteuse de certains poissons donne beaucoup de saveur à leur chair. Toutefois, certains poissons ont une peau au goût désagréable ou même non comestible qu'il faut absolument enlever avant de les faire cuire. Il faut toujours laisser leur peau aux poissons qu'on veut faire pocher ou griller.

Poissons ronds

Pour dépouiller un poisson rond, il faut d'abord faire une incision de chaque côté de la nageoire dorsale jusqu'à la queue. (Photo 6)

À l'aide d'un couteau coupant, on incise la peau près de la queue puis on sépare la peau et la chair

Photo 7

Photo 8

Photo 9

Photo 10

Photo 11

Photo 12

du poisson en allant de la queue vers la tête. Répéter l'opération de l'autre côté. Il faut à tout prix éviter de «scier» le poisson. (Photo 7)

Poissons plats

Pour dépouiller un poisson plat entier, le placer d'abord sur une planche à découper. À l'aide d'un couteau coupant, inciser la peau près de la queue. (Photo 8)

Tenir le poisson d'une main et, de l'autre, tirer la peau jusqu'à la tête. Tourner le poisson et répéter l'opération. (Photo 9)

LEVÉE DES FILETS DE POISSON

Les filets sont des morceaux de poisson désossés. Les filets de poissons ronds et de poissons plats ne se préparent pas tout à fait de la même manière.

Poissons ronds

À l'aide d'un couteau à poisson coupant, faire une entaille le long de l'arête centrale, de la tête à la queue, et puis une autre entaille derrière l'ouïe.

Tout en tenant le poisson par la tête, glisser la lame du couteau entre la chair et les arêtes. Couper le filet sur toute sa longueur, en évitant de le «scier». Enlever le filet en le coupant près de la nageoire anale. Répéter l'opération de l'autre côté.

Poissons plats

Mettre le poisson dépouillé sur la planche à découper et pratiquer une incision au centre du poisson de manière à le diviser en deux filets. Insérer la lame le long de l'arête dorsale et détacher une moitié du filet par petits coups. Détacher l'autre moitié du filet des arêtes latérales en l'incisant sur toute la longueur. (Photo 10)

Prélever le deuxième filet de la même manière. Retourner le poisson et répéter toute l'opération. (Photo 11)

DÉPOUILLAGE DES FILETS

Mettre le filet sur la planche à découper puis en soulever un morceau de peau près de la queue. Glisser la lame du couteau entre la chair et la peau et, en le tenant bien d'une main, trancher délicatement le filet sur toute sa longueur. (Photo 12)

PRÉPARATION DES DARNES

À l'aide d'un couteau à poisson, couper la tête du poisson juste derrière les ouïes. Couper ensuite le poisson en tranches (darnes) de la grosseur désirée.

Photo 13

Photo 14

Photo 15

Photo 16

Photo 17

Préparation des fruits de mer

Il existe sur la planète un nombre incroyable de fruits de mer comestibles, qu'il s'agisse d'univalves (ormeaux), de bivalves (huîtres, palourdes et moules), de crustacés (crabes, crevettes et homards) ou de céphalopodes (seiches et poulpes). Malheureusement, tous ont un point en commun : dès qu'ils sont hors de l'eau, ils se détériorent rapidement.

COMMENT OUVRIR LES BIVALVES

Tous les bivalves — huîtres, palourdes et moules — doivent être bien fermés au moment de l'achat.

Si on désire se servir des coquilles lors de la cuisson, il faut d'abord les brosser énergiquement sous un jet d'eau froide.

Huîtres

Pour peu qu'on sache se servir davantage de technique que de force, les huîtres sont faciles à ouvrir. Pour procéder, tenir une huître fermée dans un gant de jardinage ou un linge de cuisine tandis qu'on ouvre le bivalve avec un couteau à huître.

Tout en tenant solidement l'huître dans une main, glisser la pointe du couteau dans la charnière et la faire jouer pour ouvrir la coquille. Il ne faut jamais, au risque de se blesser gravement, essayer d'ouvrir l'huître en insérant la lame du couteau au milieu de la coquille. (Photo 13)

Une fois l'huître ouverte, glisser la lame sous la chair pour couper le muscle qui la retient à la coquille.

Procéder de manière à conserver l'«eau» de l'huître. Une fois le muscle coupé, retirer les éclats de coquille qui se trouvent dans la coquille (s'il y a lieu) puis y remettre la chair. (Photo 14)

Palourdes

Pour éviter de se blesser ou d'en endommager la chair, il est recommandé d'ouvrir les palourdes à l'aide d'un couteau à huître. Pour en détendre les muscles, donc pour en faciliter l'ouverture, il est aussi recommandé de mettre les palourdes une demi-heure au congélateur avant de procéder.

Pour ce faire, glisser la lame du couteau sous la charnière de la palourde et y faire jouer le couteau jusqu'à ce qu'elle s'ouvre. (Photo 15)

Glisser ensuite la lame du couteau sous la chair pour couper le muscle qui l'y retient. Si on désire se servir des coquilles dans le montage du plat, bien les nettoyer sous l'eau froide courante puis les assécher. (Photo 16)

Moules

On appelle byssus ou «barbe» les filaments de tissu qui dépassent de la moule (et grâce auxquels elle se fixe aux rochers). Comme les moules meurent peu de temps après avoir été ébarbées, il faut les apprêter rapidement. Pour les ouvrir, procéder de la même manière que pour les palourdes. Il faut toujours jeter les moules qui ne se sont pas ouvertes à la cuisson. (Photo 17)

Photo 18

Photo 19

Photo 20

Photo 21

PRÉPARATION DES CRABES

Il existe 4 000 variétés de crabes de par le monde. Mentionnons parmi les plus connus : le crabe vert, l'étrille, le tourteau, l'araignée de mer, le crabe des neiges, etc. Tous se préparent de la même façon.

Laver et brosser le crabe sous l'eau froide courante. Une fois nettoyé, le crabe peut être poché ou cuit à la vapeur. Toutefois, comme la plupart des crabes sont vendus vivants, il est préférable de les tuer, de les démembrer puis d'en retirer la chair comestible soi-même avant de les faire cuire.

Pour tuer un crabe, il suffit d'en percer la carapace juste derrière les yeux avec la pointe d'un couteau. On peut aussi le mettre au congélateur quelques heures avant de le préparer. (Photo 18)

Mettre le crabe sur le dos puis en arracher la queue en la dépliant puis en la tordant jusqu'à ce qu'elle cède. Détacher ensuite le plastron auquel est attaché la veine intestinale. Jeter la queue et la veine et réserver le plastron. (Photo 19)

Tenir le crabe d'une main au niveau du plastron puis soulever et enlever la carapace supérieure. La jeter ou la garder si on veut s'en servir plus tard comme coquille à farcir. (Photo 20)

Éliminer ensuite les branchies, le «sac» gris et les petites mandibules du crabe.

Tenir le crabe au niveau des pattes et le casser en deux en son milieu. Enlever les pattes — les grosses et les petites — et en briser les carapaces avec un casse-noisettes ou un maillet pour pouvoir en extraire la chair. (On peut aussi récupérer la chair contenue dans les alvéoles du plastron après avoir coupé celui-ci en deux.) (Photo 21)

Photo 22

Photo 23

Photo 24

Photo 25

PRÉPARATION DES CREVETTES

La plupart des gens préfèrent enlever la tête et la carapace des crevettes avant de les manger. Toutefois, selon la méthode de cuisson utilisée, le corps entier de la crevette est comestible. (On peut toujours se servir des débris de crevette — de homard, de crabe, de langouste et d'écrevisse aussi bien — dans une bisque.)

Pour éplucher (décortiquer) une crevette, en enlever d'abord la tête puis les pattes et rouler la crevette sur elle-même. Presser ensuite la queue et le reste de la carapace suivra. (Photo 22)

Faire une petite incision sur la chair avec la pointe d'un couteau. Retirer délicatement la veine intestinale (cette opération n'est pas nécessaire avec les petites crevettes mais essentielle avec les grosses auxquelles la veine peut donner un très mauvais goût). Laver ensuite les crevettes sous l'eau froide courante. (Photo 23)

PRÉPARATION DES ÉCREVISSES

L'écrevisse est un crustacé d'eau douce. Sur le marché, on trouve surtout l'écrevisse à pattes blanches et l'écrevisse à pattes rouges. Les espèces commercialisées mesurent généralement 10 cm de long (comparativement à 30 cm pour les espèces australiennes). Quoique la chair de toutes les espèces soit succulente, les petites écrevisses ne sont généralement utilisées que dans les bisques ou servies en «buisson». D'habitude, on les fait cuire au court-bouillon dans leur carapace.

Pour enlever la veine intestinale des grosses variétés, il faut d'abord enlever la carapace de la queue puis procéder comme pour une crevette. (Photos 24 et 25)

PRÉPARATION DES ORMEAUX

Insérer la lame d'un couteau dans l'extrémité la plus mince de la coquille, sous la chair. Faire jouer la lame afin de détacher le muscle. Prélever le pied. Bien laver l'ormeau cru sous l'eau froide courante afin de retirer (et jeter) l'intestin et de déloger le sable qui s'infiltre dans les replis de sa chair. Laisser l'ormeau entier ou le couper en tranches.

Pour attendrir la chair de l'ormeau, placer celle-ci entre deux linges propres et la battre avec un maillet ou le plat de la lame d'un couperet. On peut aussi couper les tranches en très fines lanières ou les hacher.

Photo 26

Photo 27

Photo 28

Photo 29

Photo 30

Photo 31

PRÉPARATION DES CALMARS

Le calmar peut être poché, sauté, frit, farci, cuit au four ou grillé. Une cuisson trop longue le fait durcir.

Pour préparer un calmar, il faut d'abord en couper les tentacules sous les yeux. Presser ensuite la partie épaisse centrale de chaque tentacule pour en faire sortir le bec dur (à éliminer). (Photo 26)

Il faut ensuite faire sortir les entrailles du calmar en pressant celui-ci avec les doigts. Éliminer en même temps l'os cartilagineux («plume») qui s'y trouve. (Photo 27)

Peler la peau en glissant d'abord un ongle dessous puis en la tirant avec les doigts. Enlever et peler aussi les nageoires latérales comestibles du calmar. (Photo 28)

PRÉPARATION DU HOMARD

Les homards entiers se vendent vivants, surgelés ou cuits. On peut aussi se procurer des queues ou des morceaux de homard surgelés ou en conserve.

Pour tuer un homard, il suffit de planter la pointe d'un couteau dans la bouche du crustacé de manière à sectionner sa colonne vertébrale. On peut aussi «endormir» le homard en le mettant au congélateur (en comptant 30 minutes par 500 g/ 1 lb de poids).

Si on désire faire cuire un homard entier, vivant ou non, il faut d'abord le peser puis compter 8 minutes de cuisson par 500 g (1 lb) de poids. On peut alors le jeter dans l'eau bouillante ou le mettre dans de l'eau salée qu'on amène à ébullition et qu'on fait mijoter le temps requis (en évitant à tout prix de le faire bouillir).

Pour couper un homard en deux, il faut d'abord le placer sur une planche à découper puis insérer la pointe d'un couteau à poisson au centre de sa tête jusqu'à la planche. (Photo 29)

On coupe ensuite le homard sur le long jusqu'à la queue. Une fois cela fait, on en conserve le corail (noir quand il est cru) et le foie (vert) pour utilisation dans une (la) sauce. On retire alors, et jette, l'intestin et la poche à graviers située près de la tête. (Photo 30)

Le homard est ensuite rincé à l'eau froide courante puis soigneusement égoutté. (Photo 31)

PRÉPARATION DES POULPES

Pour enlever les tentacules, séparer la tête du corps juste sous les yeux. Retourner ensuite le sac ventral et en enlever les intestins. Enlever les yeux puis localiser le bec dur situé au centre du poulpe et l'éliminer.

Bien laver sous l'eau froide courante en faisant attention aux ventouses des tentacules qui contiennent souvent du sable.

Pour faciliter le dépouillage des poulpes, les faire cuire d'abord 5-10 minutes dans un peu d'eau. Les laisser ensuite refroidir un peu puis les peler en en soulevant d'abord un coin de peau avec l'ongle. Le poulpe battu (il est toujours préférable de battre la chair des poulpes trop gros) est aussi plus facile à dépouiller.

Pour préparer des petits poulpes qu'on veut garder entiers, leur couper la partie supérieure de la tête puis en éliminer les intestins, le bec dur et les yeux. Rincer ensuite les poulpes sous l'eau froide courante puis les égoutter à fond.

soupes

Chaudrée de fruits de mer San Franscico

8 petits pains ronds

85 g/3 oz de beurre

2 poireaux parés et émincés

2 oignons finement hachés

4 gousses d'ail finement hachées

2 carottes pelées et hachées

1 panais pelé et haché

2 branches de céleri finement hachées

15 ml/1 c. à soupe de thym frais

125 ml/½ tasse de farine tout usage

2 L/8 tasses de bouillon de poisson

1 kg/2¼ lb de fruits de mer (crevettes, moules, palourdes, calmars et poisson blanc)

200 ml/7 fl oz de crème épaisse

½ botte de persil haché

Sel et poivre au goût

Le jus de 1 gros citron

½ botte de ciboulette hachée

1. Préchauffer le four à 200 °C/400 °F. À l'aide d'un couteau coupant, faire un grand trou à la surface de chaque pain puis en enlever la croûte de surface et la réserver. Retirer toute la mie de l'intérieur en laissant la croûte intacte.

2. Mettre les pains dans le four préchauffé et les faire cuire 15 minutes ou jusqu'à ce qu'ils soient secs et dorés. Réserver.

3. Faire fondre le beurre dans une grande casserole et y faire revenir le poireau, l'oignon, l'ail, la carotte, le panais, le céleri et le thym 10 minutes. Retirer la casserole du feu et saupoudrer les légumes de farine puis bien mélanger le tout avec une cuiller de bois. Remettre la casserole sur le feu et laisser mijoter jusqu'à ce que le mélange soit brun doré (2 minutes environ).

4. Ajouter le bouillon de poisson petit à petit en tournant constamment de manière à dissoudre le roux dans le bouillon puis laisser mijoter la soupe 20 minutes. Entre-temps, préparer la marée en coupant le poisson et les fruits de mer en morceaux d'une bouchée.

5. Ajouter la marée, la crème, le persil et du sel et poivre au goût. Laisser mijoter 5 minutes. Éviter de faire bouillir la soupe (ce qui peut la faire tourner). Une fois les fruits de mer cuits, incorporer le jus de citron à la chaudrée. Répartir la soupe dans les «bols» de pain. Garnir de ciboulette et servir.

POUR 8 CONVIVES.

Bisque de crevettes à l'américaine

85 g/3oz de beurre

45 ml/3 c. à soupe d'oignon finement haché

1 branche de céleri finement hachée

15 ml/1 c. à soupe de farine tout usage

1 kg/2¼ lb de crevettes cuites décortiquées, déveinées et hachées

875 mL/3½ tasses de lait tiède

125 ml/½ tasse de crème épaisse

30 ml/2 c. à soupe de sherry

Sel et poivre noir frais moulu

Paprika

Muscade râpée

45 ml/3 c. à soupe de persil haché (ou ciboulette hachée)

1. Dans une grande casserole, faire fondre le beurre à feu doux. Couvrir puis y faire cuire l'oignon et le céleri 5 minutes en évitant de brunir les légumes.

2. Incorporer la farine et cuire 1 minute. Ajouter les crevettes. Incorporer le lait petit à petit en mêlant bien la sauce à mesure. Amener à ébullition, réduire le feu et laisser mijoter en tournant le mélange 2 minutes ou jusqu'à ce que la soupe épaississe. Incorporer la crème et réchauffer sans faire bouillir.

3. Incorporer le sherry et assaisonner au goût avec le sel, le poivre, le paprika et la muscade. Garnir la soupe de persil ou de ciboulette et servir.

POUR 4 CONVIVES.

Soupe aux crevettes aigre-piquante

1 kg/2 ¼ lb de crevettes moyennes non cuites

15 ml/1 c. à soupe d'huile végétale

8 tranches de galangal frais ou en conserve (ou gingembre frais)

8 feuilles de lime de kafir

2 tiges de citronnelle (lemon-grass) meurtries (ou 5ml/1 c. à thé de citronnelle séchée, réhydratée en eau chaude)

2 piments rouges frais, coupés en deux et épépinés

2 L/8 tasses d'eau

45 ml/3 c. à soupe de coriandre fraîche

1 piment rouge frais, haché

30 ml/2 c. à soupe de jus de lime

2 feuilles de lime de kafir hachées

1. Éplucher et déveiner les crevettes et les réserver en gardant les têtes et les carapaces. Dans une grande casserole faire chauffer l'huile à feu vif puis y faire sauter les têtes et les carapaces de crevettes 5 minutes. Ajouter le galangal (ou le gingembre), les feuilles de lime, la citronnelle, les piments coupés en deux et l'eau. Couvrir et amener à ébullition. Laisser mijoter le tout 15 minutes en le remuant de temps à autre.

2. Passer le liquide dans une casserole propre (en jetant les aliments solides), ajouter les crevettes et les faire cuire 2 minutes. Incorporer ensuite la coriandre, le piment haché et le jus de lime. Faire cuire 1 minute ou jusqu'à ce que les crevettes soient tendres.

3. Répartir la soupe dans des bols et garnir de feuilles de lime.

POUR 4 CONVIVES.

Soupe aux crevettes aigre-piquante

Soupe aux crevettes et au poulet

15 ml/1 c. à soupe d'huile végétale

1 oignon coupé en petits dés

1 poivron rouge coupé en petits dés

2 gousses d'ail broyées

5 ml/1 c. à thé de gingembre frais, finement haché

1 L/4 tasses de bouillon de poulet

125 g/4 ½ oz de poulet désossé (cuisse ou poitrine) tranché

20 petites crevettes crues, décortiquées et déveinées

125 g/4 ½ oz de nouilles de riz

125 g/4 ½ oz de pousses de bambou en conserve, égouttées et tranchées

5 petits champignons émincés

¼ de tête de laitue grossièrement hachée

2 oignons verts (ciboules) émincés

30 ml/2 c. à soupe de coriandre finement hachée

20 ml/1 ½ c. à soupe de sauce soja

Poivre noir frais moulu

1. Dans une grande casserole, faire chauffer l'huile à feu moyen. Y faire revenir l'oignon et le poivron rouge 5 minutes, en remuant. Ajouter l'ail et le gingembre et faire cuire 2 minutes de plus.

2. Incorporer le bouillon et amener à ébullition. Ajouter le poulet, les crevettes, les nouilles, les pousses de bambou et les champignons, réduire le feu et laisser mijoter 5 minutes ou jusqu'à ce que les nouilles soient cuites.

3. Incorporer la laitue, les oignons verts, la coriandre, la sauce soja et du poivre noir au goût. Servir aussitôt.

POUR 4 CONVIVES.

Soupe aux moules et aux légumes

1 kg/2 ¼ lb de moules nettoyées et brossées

1 petit oignon tranché

1 branche de céleri tranchée

1 gousse d'ail hachée

125 ml/½ tasse de vin blanc

285 ml/10 oz d'eau

1 petite carotte coupée en petits dés

55 g/2 oz de chou-fleur en morceaux d'une bouchée

½ poivron rouge coupé en petits dés

½ oignon coupé en petits dés

1 pincée de safran

10 graines de coriandre grossièrement broyées

45 ml/1 ½ oz de vinaigre de sherry

55 g/2 oz de beurre

30 ml/2 c. à soupe de farine tout usage

30 ml/2 c. à soupe de crème épaisse

Sel et poivre au goût

Persil et ciboulette hachés

1. Mettre les moules dans une casserole avec le petit oignon, le céleri, l'ail et le vin blanc.

2. Faire cuire les moules jusqu'à ce qu'elles s'ouvrent en les remuant pour qu'elles cuisent également. Retirer les moules de la casserole et les réserver. Passer le liquide de cuisson et le réserver.

3. Dans une grande casserole placée sur feu vif, mettre l'eau, la carotte, le chou-fleur, le poivron, l'oignon, le safran et la coriandre. Amener à ébullition et ajouter le vinaigre de sherry. Retirer du feu et laisser refroidir. Passer ensuite le bouillon en réservant à part le liquide et les légumes.

4. Dans une casserole placée sur feu moyen, faire fondre le beurre puis y incorporer la farine avec une cuiller de bois. Laisser mijoter la sauce 2 minutes en la tournant constamment. Ajouter le bouillon et le liquide de cuisson, battre le tout avec un fouet de métal et faire cuire le bouillon jusqu'à ce qu'il épaississe et soit velouté.

5. Ajouter les légumes réservés, les moules et la crème et amener à ébullition. Assaisonner au goût. Ajouter le persil et la ciboulette juste avant de servir.

POUR 4 CONVIVES.

Bisque de crevettes

315 g/11 oz de crevettes cuites, décortiquées et déveinées

½ oignon coupé en petits dés

125 ml/½ tasse de concentré de tomate

125 ml/½ tasse de bouillon de poulet

125 ml/½ tasse de crème épaisse

½ c. à café/¼ de c. à thé de paprika

Poivre noir frais moulu

15-30 ml/1-2 c. à soupe de sherry sec

Ciboulette hachée pour garnir

1. Mettre les crevettes, l'oignon et le concentré de tomate dans le mélangeur ou le robot de cuisine et les réduire en purée. La machine toujours en marche, incorporer le bouillon au mélange.

2. Mettre le mélange dans une casserole et le laisser mijoter à feu doux, en le remuant souvent, 10 minutes ou jusqu'à ce que le tout commence à bouillir.

3. Incorporer la crème, le paprika et du poivre au goût et réchauffer 2 minutes mais sans faire bouillir. Incorporer le sherry, garnir de ciboulette et servir aussitôt.

POUR 6 CONVIVES.

Soupe au poisson et au safran à l'espagnole

30 ml/2 c. à soupe d'huile d'olive

2 grosses carottes finement hachées

3 poireaux parés et finement tranchés

1 poivron rouge haché

1 poivron vert haché

15 ml/1 c. à soupe de paprika espagnol

1 grosse pincée de safran

500 ml/2 tasses de vin blanc

750 ml/3 tasses de bouillon de poisson

400 g/14 oz de filets de poisson blanc à chair ferme coupés en dés

400 g/14 oz de crevettes décortiquées et déveinées

400 g/14 oz de petits calmars (ou de seiche)

30 ml/2 c. à soupe de persil haché

1 citron coupé en 6 quartiers

1. Dans une grande casserole, faire chauffer l'huile d'olive puis y faire revenir la carotte, le poireau et les poivrons 10 minutes. Ajouter le paprika et le safran et faire cuire quelques minutes de plus.

2. Ajouter le vin blanc et le bouillon, amener à ébullition et laisser mijoter la soupe 15 minutes. Ajouter le poisson, les crevettes et les calmars et laisser mijoter 5 minutes de plus. Répartir la soupe dans des bols, la garnir de persil et servir avec les quartiers de citron.

POUR 6 CONVIVES.

Soupe piquante aux crevettes

1 L/4 tasses de bouillon de poisson

1 morceau de 5 cm/2 po de galangal frais, tranché (ou 8 morceaux de galangal séché)

8 feuilles de lime de kafir

2 tiges de citronnelle (lemon-grass) finement hachées (ou 5 ml/1 c. à thé de citronnelle séchée, réhydratée en eau chaude)

30 ml/2 c. à soupe de jus de lime

30 ml/2 c. à soupe de zeste de lime finement râpé

30 ml/2 c. à soupe de sauce au poisson (nam pla)

30 ml/2 c. à soupe de pâte de curry rouge thaïlandaise

500 g/1 lb de grosses crevettes crues, décortiquées et déveinées, queues intactes

3 oignons verts (ciboules) coupés en biseau

45 ml/3 c. à soupe de coriandre fraîche

1 petit piment rouge frais émincé

1. Verser le bouillon dans une grande casserole et l'amener à ébullition à feu moyen. Ajouter le galangal, les feuilles de lime, la citronnelle, le jus et le zeste de lime, la sauce au poisson et la pâte de curry. Laisser mijoter le bouillon 10 minutes, en le remuant de temps à autre.

2. Ajouter les crevettes et les oignons verts et laisser mijoter 5 minutes ou jusqu'à ce que les crevettes soient tendres.

3. Retirer le galangal de la casserole et le jeter. Garnir la soupe de coriandre et de piment et servir.

POUR 4 CONVIVES.

Soupe aux moules classique

500 g/1 lb de moules

1 petit oignon haché

1 échalote hachée

1 gousse d'ail broyée

125 ml/½ tasse de persil finement haché

Poivre noir frais moulu

75 g/2 ½ oz de beurre ou de margarine

375 ml/1 ½ tasse de vin blanc

20 ml/1 ½ c. à soupe de jus de citron

1. Bien brosser les moules puis les mettre dans la casserole avec l'oignon, l'échalote, l'ail, le persil, le poivre, la moitié du beurre (ou de la margarine) et le vin. Couvrir et faire cuire les moules à feu vif quelques minutes. Remuer les moules plusieurs fois pour en assurer une cuisson égale.

2. Une fois que les moules sont ouvertes, les mettre dans un plat de service chaud et les garder chaudes. Passer le liquide de cuisson dans une petite casserole et le faire réduire de moitié à feu vif.

3. Retirer du feu et incorporer le reste du beurre (ou de la margarine) au liquide. Une fois que le liquide est épais et mousseux, y incorporer le jus de citron et le verser sur les moules. Servir la soupe très chaude avec de la baguette.

POUR 4 CONVIVES.

Soupe au poisson et aux nouilles

500 g/1 lb de filets de poisson blanc

Huile végétale

85 g/3 oz d'oignons verts (ciboules)

5 ml/1 c. à thé de gingembre frais, haché

5 ml/1 c. à thé d'ail haché ou broyé

1 poivron rouge épépiné et haché

1 L/4 tasses de bouillon de poisson ou d'eau

15 ml/1 c. à soupe de sauce aux huîtres

1 c. à café/½ c. à thé de poivre noir frais moulu

5 ml/1 c. à thé d'huile de sésame

15 ml/1 c. à soupe de sherry sec

225 g/8 oz de nouilles aux œufs cuites

5 ml/1 c. à thé d'huile de sésame

½ poivron rouge épépiné et haché (pour garnir)

1. Couper le poisson en morceaux d'une bouchée. Dans une grande poêle à frire, faire chauffer de l'huile puis y faire frire le poisson 2 ½ minutes. Retirer le poisson et le laisser s'égoutter dans une passoire. Couper les oignons verts en morceaux de 4 cm/ 1 ½ po de long en séparant les verts des blancs.

2. Faire chauffer 45 ml/3 c. à soupe d'huile puis y faire revenir le gingembre et l'ail. Ajouter le poisson, le poivron et le blanc des oignons verts. Faire frire 3 minutes puis ajouter le bouillon ou l'eau et amener à ébullition. Ajouter le vert des oignons verts, la sauce aux huîtres, le poivre noir, l'huile de sésame et le sherry. Laisser mijoter le tout 1 minute, en tournant.

3. Ajouter les nouilles cuites et chaudes et l'huile de sésame à la soupe. Bien réchauffer le tout, garnir de poivron et servir aussitôt.

POUR 4 CONVIVES.

Gaspacho au maïs croquant et aux crevettes

4 grosses tomates italiennes lavées et coupées en deux

1 poivron jaune épépiné et coupé en quartiers

1 c. à café/1/2 c. à thé de sauce Tabasco

5 ml/1 c. à thé de sel (ou au goût)

2 épis de maïs

Le blanc de 1 petit poireau

1 gousse d'ail pelée

1 petit oignon rouge

15 ml/1 c. à soupe d'huile d'olive

10 ml/2 c. à thé de paprika doux

500 g/1 lb de crevettes géantes crues décortiquées, queues intactes

Le jus de 2 limes

30 ml/2 c. à soupe de persil haché

80 ml/1/3 de tasse de coriandre hachée

Quartiers de lime

1. Sauce piquante : Hacher brièvement les tomates dans le robot de cuisine puis les mettre dans un grand bol. Hacher ensuite finement le poivron jaune et l'ajouter aux tomates. Incorporer la sauce Tabasco et le sel aux légumes puis réfrigérer le tout entre 1 et 8 heures.

2. À l'aide d'un couteau coupant, égrener les épis de maïs. Faire chauffer une poêle à fond épais sur feu vif puis y faire frire le maïs «à sec» jusqu'à ce qu'il soit légèrement carbonisé. Réserver les grains dans un petit bol.

3. Bien laver le blanc de poireau puis le mettre dans le robot de cuisine avec l'ail et l'oignon. Hacher finement le tout. On peut aussi se servir d'un couteau. Mettre l'huile dans la poêle à frire et la faire chauffer à feu moyen. Y faire revenir le poireau, l'ail et l'oignon et le paprika 5 minutes.

4. Tasser le mélange à l'oignon sur les côtés de la poêle et mettre les crevettes crues au centre. Les faire cuire jusqu'à ce qu'elles soient orangées dessous puis les retourner et finir la cuisson.

5. Bien mélanger le contenu de la poêle puis l'incorporer aux tomates froides. Ajouter la moitié du maïs, le jus de lime et le persil et bien mélanger avant de remettre le tout au réfrigérateur.

6. Répartir le gaspacho dans 6 verres à martini ou à vin, garnir de coriandre et du reste du maïs et servir avec les quartiers de lime.

POUR 6 CONVIVES.

Soupe au crabe et aux crevettes

6 tomates hachées

2 oignons hachés

15 ml/1 c. à soupe d'huile végétale

4 gousses d'ail broyées

15 ml/1 c. à soupe d'origan

2 bottes de coriandre fraîche

1 tête de poisson (rouget, perche de mer, morue ou aiglefin)

2 ½ L/10 tasses d'eau

2 crabes crus, nettoyés et découpés en morceaux d'une bouchée

12 crevettes moyennes crues, décortiquées et déveinées

170 g/6 oz de filets de poisson coupés en morceaux

1. Dans le robot de cuisine, réduire les tomates et les oignons en purée.

2. Dans une casserole, faire chauffer l'huile à feu moyen puis y faire revenir l'ail 1 minute. Ajouter le mélange aux tomates puis l'origan et les bottes de coriandre, amener à ébullition et laisser mijoter 15 minutes. Ajouter la tête de poisson et l'eau et laisser mijoter 20 minutes de plus. Passer le tout en ne gardant que le liquide. Verser le bouillon dans une grande casserole.

3. Mettre le crabe et les crevettes dans le bouillon, amener à ébullition et laisser mijoter 3 minutes. Ajouter le poisson et faire cuire 1-2 minutes de plus ou jusqu'à ce que les ingrédients soient bien cuits.

POUR 6 CONVIVES.

Soupe au crabe et aux crevettes

Tom yam gong

750 ml/3 tasses de bouillon de poisson

15 ml/1 c. à soupe de citronnelle (lemon-grass) hachée (ou 5 ml/1 c. à thé de citronnelle séchée moulue)

1 c. à café/^{1}/$_2$ c. à thé de zeste de citron finement râpé

30 ml/2 c. à soupe de sauce au poisson (nam pla)

250 g/9 oz de boutons de champignons émincés

500 g/1 lb de grosses crevettes crues, décortiquées et déveinées

80 ml/^{1}/$_3$ de tasse de crème épaisse

115 g/4 oz de germes de soja

2 oignons verts (ciboules) coupés en morceaux de 2 cm/^{3}/$_4$ de po de long

5 ml/1 c. à thé de pâte de piment (sambal oelek)

80 ml/^{1}/$_3$ de tasse de jus de citron

45 ml/3 c. à soupe de coriandre hachée

Poivre noir frais moulu

1. Verser le bouillon dans une grande casserole et l'amener à ébullition. Incorporer la citronnelle, le zeste de citron, la sauce au poisson, les champignons et les crevettes et faire cuire 3-4 minutes ou jusqu'à ce que les crevettes changent de couleur.

2. Réduire le feu à doux, incorporer la crème et réchauffer 2-3 minutes sans faire bouillir.

3. Retirer la casserole du feu et ajouter les germes de soja, les oignons verts, la pâte de piment, le jus de citron, la coriandre et du poivre au goût. Servir aussitôt.

POUR 4 CONVIVES.

Chaudrée de palourdes

Chaudrée de palourdes

255 g/9 oz de beurre

6 tranches de bacon finement hachées

3 oignons finement hachés

1 branche de céleri finement hachée

250 ml/1 tasse de farine tout usage

1 1/4 L/5 tasses de lait

750 ml/3 tasses de bouillon de poisson

5 pommes de terre bouillies et coupées
en petits dés

1 kg/2 1/4 lb de chair de palourde

Sel et poivre

Crème

Palourdes entières cuites à la vapeur
(pour garnir)

Ciboulette hachée

1. Dans une grande casserole, faire fondre le beurre
puis y faire revenir le bacon, l'oignon et le céleri.
Incorporer la farine et bien tourner le tout 2 minutes.

2. Ajouter le lait, le bouillon de poisson et les pommes
de terre. Couvrir et laisser mijoter 10 minutes. Ajouter la
chair de palourde et laisser mijoter 10 minutes de plus.
Assaisonner au goût.

3. Servir la soupe dans des bols profonds avec la crème
et les palourdes entières. Garnir de ciboulette Servir
aussitôt.

POUR 8 À 10 CONVIVES.

Bisque de moules

500 g/1 lb de filets de flet (carrelet) ou
autre poisson blanc

750 ml/3 tasses de lait

Sel et poivre

1/4 de c. à café/1/8 de c. à thé de muscade

1 feuille de laurier

1 boîte de moules

30 ml/2 c. à soupe de beurre

1 oignon moyen finement haché

2 branches de céleri finement hachées

45 ml/3 c. à soupe de farine tout usage

15 ml/1 c. à soupe de jus de citron

15 ml/1 c. à soupe de persil (ou ciboulette) finement
haché

60 ml/1/4 de tasse de crème

Croûtons

1. Couper les filets de poisson en cubes de 2 cm/3/4 po.
Les mettre dans une grande casserole avec le lait, le sel,
le poivre, la muscade et le laurier. Amener doucement
à ébullition puis laisser mijoter doucement 10 minutes.
Fermer le feu, couvrir et laisser reposer 10 minutes.
Passer le lait et le réserver. Garder le poisson au chaud.

2. Égoutter les moules (jeter le liquide), les rincer en
eau froide puis les couper en 2 ou 3 morceaux.

3. Faire fondre le beurre dans une grande casserole
puis y faire revenir l'oignon et le céleri. Incorporer
ensuite la farine et laisser mijoter 1 minute en tournant
bien le tout.

4. Retirer la casserole du feu et y incorporer le lait, petit
à petit, en remuant constamment le mélange pour y
empêcher la formation de grumeaux. Remettre sur le
feu et laisser mijoter en tournant le mélange jusqu'à ce
qu'il commence à épaissir.

5. Incorporer le jus de citron, les moules hachées,
le persil et le poisson. Laisser mijoter 10 minutes.
Incorporer la crème et laisser mijoter 5 minutes de plus.
Servir la soupe avec les croûtons.

POUR 4 À 6 CONVIVES.

Soupe aux moules à la maltaise

85 ml/3 oz d'huile d'olive

1 oignon moyen finement haché

3 gousses d'ail hachées

2 poivrons rôtis, pelés et coupés en dés

2 tomates coupées en dés

1/2 bulbe de fenouil coupé en dés

1/2 branche de céleri coupée en dés

150 ml/5 oz de vin blanc

Le jus et le zeste râpé de 1 orange

200 ml/7 oz de jus de tomate

500 ml/2 tasses de bouillon de poulet

Sel, poivre, piment de Cayenne et paprika

500 g/1 lb de moules noires nettoyées

1 oignon vert (ciboule) tranché

1. Dans une grande casserole, faire chauffer l'huile à feu moyen puis y faire revenir 10 minutes l'oignon, l'ail, les poivrons, les tomates, le fenouil et le céleri.

2. Ajouter le vin blanc, le jus et le zeste d'orange, le jus de tomate, le bouillon de poulet et les épices et laisser mijoter 20 minutes.

3. Ajouter les moules et les faire cuire jusqu'à ce qu'elles soient toutes ouvertes, 8-10 minutes environ.

4. Garnir la soupe d'oignon vert et la servir avec du pain grillé au feu de bois ou des Grissini.

POUR 4 CONVIVES.

Bisque d'huîtres

20 huîtres fraîches écaillées ou 1 boîte (20 huîtres environ) d'huîtres égouttées (en réservant le liquide)

250 ml/1 tasse de bouillon de poisson ou de légumes

125 ml/½ tasse de vin blanc

1 petit oignon blanc ou ½ poireau coupé en dés

1 branche de céleri coupée en dés

500 ml/2 tasses de pommes de terre pelées, coupées en dés

15 ml/1 c. à soupe de thym frais (ou la moitié de thym séché)

125 ml/½ tasse de lait

Poivre noir frais moulu

Brins de cresson ou de persil (facultatif)

1. Ajouter le jus des huîtres au bouillon.

2. Dans une grande casserole, faire chauffer 30 ml/2 c. à soupe du vin blanc à feu doux. Ajouter l'oignon (ou le poireau) et le céleri et faire cuire 4-5 minutes jusqu'à ce que l'oignon soit transparent. Ajouter les pommes de terre, le thym, le bouillon et le reste du vin. Amener à ébullition puis laisser mijoter 10-15 minutes jusqu'à ce que les pommes de terre soient tendres et que le liquide ait été presque entièrement absorbé. Laisser refroidir un peu.

3. Mettre le mélange dans le robot de cuisine ou le mélangeur. Ajouter la moitié des huîtres, le lait et le poivre noir et réduire en purée. Remettre le mélange dans une casserole propre et amener à ébullition. Retirer la soupe du feu et y mettre le reste des huîtres.

4. Répartir la soupe dans des bols chauds puis la garnir de cresson ou de persil (au goût).

POUR 4 CONVIVES.

Soupe aux moules, aux endives et au basilic

1 kg/2 ¼ lb de moules noires

1 petit oignon émincé

1 branche de céleri émincée

1 gousse d'ail hachée

200 ml/7 oz de vin blanc

30 g/1 oz de beurre

2 endives (feuilles séparées)

30 ml/2 c. à soupe de crème épaisse

15 feuilles de basilic finement hachées

Sel et poivre

1. Mettre les moules dans une casserole avec l'oignon, le céleri, l'ail et le vin blanc. Faire cuire jusqu'à ce que les moules soient ouvertes. Remuer souvent la casserole pour que les moules cuisent également. Retirer les moules de la casserole et les réserver. Passer le bouillon et le réserver.

2. Dans une casserole, faire fondre le beurre et y faire frire les feuilles d'endive. Ajouter le bouillon, la crème et le basilic et bien mélanger le tout au fouet de métal.

3. Ajouter les moules et réchauffer le tout sans faire bouillir. Assaisonner au goût et servir.

POUR 4 CONVIVES.

Bisque de homard

1 petit homard cuit

1 grosse carotte pelée et coupée en dés

1 petit oignon finement haché

115 g/4 oz de beurre

185 ml/3/4 de tasse de vin blanc sec

1 bouquet garni

1 1/2 L/6 tasses de bouillon de poisson ou de poulet

125 ml/1/2 tasse de riz

Sel, poivre, piment de Cayenne

125 ml/1/2 tasse de crème

30 ml/2 c. à soupe de brandy

Persil haché

1. Fendre le homard en deux sur le long, en retirer la chair et la réserver. Envelopper la carapace dans un vieux torchon de cuisine, la broyer le plus finement possible avec un marteau puis la réserver. Dans une casserole, faire fondre la moitié du beurre puis y faire revenir la carotte et l'oignon 5 minutes. Ajouter la carapace broyée, faire revenir un peu puis ajouter le vin blanc. Faire bouillir à feu vif jusqu'à ce que le liquide soit réduit de moitié.

2. Ajouter le bouquet garni, le bouillon et le riz et laisser mijoter 20 minutes. Retirer les gros morceaux de carapace et le bouquet garni de la soupe. Dans le robot de cuisine ou le mélangeur, réduire la soupe en purée, par petites quantités. Passer ensuite le tout. Nettoyer le robot (ou le mélangeur) puis réduire la soupe en purée une deuxième fois avec la chair de homard (en en gardant un peu pour garnir).

3. Réchauffer la soupe sans la faire bouillir et l'assaisonner au goût. Incorporer le brandy, la crème et la chair de homard réservée coupée en fines tranches. Servir la soupe très chaude après l'avoir garnie de persil.

POUR 8 À 10 CONVIVES.

Soupe au crabe et au maïs en crème

1 ¹/₂ L/6 tasses de bouillon de poulet concentré

170 g/6 oz de chair de crabe

425 g/15 oz de maïs en crème en conserve

1 c. à café/¹/₂ c. à thé de sel

1 c. à café/¹/₂ c. à thé d'huile de sésame

15 ml/1 c. à soupe de sherry sec

4 échalotes finement hachées

15 ml/1 c. à soupe de farine de maïs

15 ml/1 c. à soupe d'eau

1. Dans une grande casserole, amener le bouillon à ébullition puis réduire le feu.

2. Égoutter et défaire la chair de crabe puis la mettre dans le bouillon avec le maïs, le sel et l'huile de sésame. Laisser mijoter 10 minutes.

3. Ajouter le sherry et les échalotes. Délayer la farine de maïs dans un peu d'eau puis l'incorporer à la soupe.

4. Mélanger la soupe jusqu'à ce qu'elle épaississe puis la servir aussitôt.

POUR 6 CONVIVES.

Soupe aux fruits de mer à la méditerranéenne

200 g/7 oz de tentacules de calmar nettoyés

300 g/10 ½ oz de crevettes vertes

200 g/7 oz de moules

255 g/9 oz de filets de poisson blanc à chair ferme (rouget-barbet, perche de mer, sébaste)

15 ml/1 c. à soupe d'huile d'olive

2 gousses d'ail broyées

1 oignon finement haché

125 ml/½ tasse de vin blanc

400 g/14 oz de tomates en conserve, coupées en dés

1 L/4 tasses de bouillon de poisson

Une pincée de safran

2 pommes de terre pelées et coupées en gros cubes

1. Couper les tentacules de calmar en rondelles. Décortiquer et déveiner les crevettes en en gardant les queues intactes. Brosser les moules et les ébarber en jetant celles qui sont ouvertes. Désosser le poisson et le couper en gros morceaux.

2. Dans une grande casserole, faire chauffer l'huile d'olive. Y faire revenir l'ail et l'oignon à feu moyen 3 minutes. Ajouter le vin blanc et amener à ébullition. Faire cuire à feu vif jusqu'à ce que le liquide ait été absorbé.

3. Ajouter les tomates, le bouillon de poisson, le safran et les pommes de terre et laisser mijoter 15 minutes. Éviter que les pommes de terre se désagrègent.

4. Ajouter tous les fruits de mer et les laisser mijoter 3-5 minutes jusqu'à ce qu'ils soient tendres. Servir avec du pain italien croustillant.

POUR 6 CONVIVES.

Soupe aux fruits de mer à la méditerranéenne

Soupe aux crevettes et à la citronnelle thaïlandaise

300 g/10 ¹/₂ oz de grosses crevettes

3 tiges de citronnelle (lemon-grass)

1 L/4 tasses de bouillon de poisson

1 morceau de 2 cm/³/₄ de po de long de gingembre frais, pelé et coupé en fines lanières

2 feuilles de lime de kafir

¹/₂ petit ananas paré et coupé en petits morceaux

15 ml/1 c. à soupe de sauce au poisson

15 ml/1 c. à soupe de jus de lime

6 oignons verts (ciboules) coupés en biseau

Coriandre fraîche hachée

Poivre au goût

Quartiers de lime

1. Décortiquer et déveiner les crevettes en en gardant les queues intactes. Réserver les carapaces et jeter les veines. Fendre en deux les tiges de citronnelle et en écraser la base avec la lame d'un couteau posée à plat.

2. Mettre les carapaces dans une casserole moyenne avec le bouillon. Amener à ébullition puis réduire le feu et laisser mijoter 10 minutes. Passer le liquide, le remettre dans la casserole avec la citronnelle, le gingembre et les feuilles de lime. Refaire mijoter.

3. Mettre l'ananas préparé et les crevettes dans la soupe. Laisser mijoter quelques minutes jusqu'à ce que les crevettes deviennent roses et tendres. Ajouter la sauce au poisson, le jus de lime, les oignons verts et la coriandre.

4. Retirer la citronnelle et les feuilles de lime de la soupe, assaisonner celle-ci et la servir aussitôt avec les quartiers de lime.

POUR 6 CONVIVES.

Soupe au crabe

170 g/6 oz de chair de crabe

1 œuf

4 champignons chinois séchés

85 g/3 oz de pousses de bambou en conserve

1 poireau

Un petit morceau de gingembre frais

15 ml/1 c. à soupe d'huile végétale

10 ml/2 c. à thé de sauce soja

15 ml/1 c. à soupe de mirin ou de sherry sec

1 ½ L/6 tasses de bouillon de poulet ou de poisson, ou d'eau

10 ml/2 c. à thé de sel

Poivre frais moulu

20 ml/1 ½ c. à soupe de farine de maïs

30 ml/2 c. à soupe de persil haché

1. Égoutter la chair de crabe et la défaire en morceaux. Battre l'œuf dans un petit bol.

2. Faire tremper les champignons en eau tiède 20 minutes puis en trancher les chapeaux (en jetant les pieds). Égoutter les pousses de bambou et les couper en lanières. Fendre le poireau en deux presque complètement, en en jetant la partie verte coriace. Bien nettoyer le poireau puis le couper en lanières. Râper ou hacher finement le gingembre.

3. Dans une casserole, faire chauffer l'huile puis y faire frire les champignons, le poireau, les pousses de bambou et le gingembre.

4. Ajouter la chair de crabe, arroser de sauce soja et de mirin (ou de sherry) et verser le bouillon chauffé (ou l'eau) dans la soupe. Dès que le mélange commence à bouillir, en enlever l'écume. Assaisonner au goût et incorporer la farine de maïs délayée dans un peu d'eau.

5. Incorporer l'œuf battu à la soupe et mêler délicatement. Garnir la soupe de persil et servir.

POUR 4 À 6 CONVIVES.

Soupe aux moules et aux palourdes

45 ml/1 ½ oz d'huile végétale

1 oignon finement haché

30 ml/2 c. à soupe de pâte Tom Yum

200 g/7 oz de palourdes nettoyées (sans sable)

200 g/7 oz de moules nettoyées

1 L/4 tasses de bouillon de poulet

1 tige de citronnelle (lemon-grass) hachée

Le jus de 1 lime

15 ml/1 c. à soupe de coriandre (tige et racine) finement hachée

15 ml/1 c. à soupe de sauce au poisson (nam pla)

15 ml/1 c. à soupe de feuilles de coriandre grossièrement hachées

1. Dans un wok ou une grande casserole, faire chauffer l'huile à feu vif puis y faire sauter l'oignon, la pâte Tom Yum, les palourdes et les moules puis les laisser mijoter 30 secondes.

2. Ajouter le bouillon de poulet, la citronnelle, le jus de lime, la tige et la racine de coriandre et la sauce au poisson. Bien mélanger et faire cuire jusqu'à ce que tous les fruits de mer soient ouverts.

3. Ajouter les feuilles de coriandre et servir aussitôt.

POUR 4 CONVIVES.

Soupe aux moules et aux palourdes

Chaudrée de moules Manhattan

2 kg/4 ½ lb de moules nettoyées

250 ml/1 tasse d'eau

145 ml/5 oz de vin blanc

4 tranches de bacon, la chair coupée en dés

1 feuille de laurier

1 gros oignon haché

1 poivron vert coupé en petits dés

2 branches de céleri coupées en dés

500 g/1 lb de pommes de terre pelées et coupées en dés

800 g/28 oz de tomates en conserve, pelées, épépinées et hachées

Sauce Tabasco

1. Laver, brosser et ébarber les moules puis les cuire à la vapeur pour les faire ouvrir. Enlever la chair des coquilles. Passer le liquide de cuisson à travers une mousseline et ajouter le vin et assez d'eau pour faire 1 L/4 tasses de liquide.

2. Dans une casserole à fond épais, faire cuire le bacon jusqu'à ce qu'il soit croquant. Ajouter le laurier et l'oignon et faire revenir. Ajouter le poivron et le céleri et faire cuire quelques minutes de plus.

3. Ajouter les pommes de terre, les tomates et le bouillon. Assaisonner au goût. Amener à ébullition, couvrir et laisser mijoter 20 minutes ou jusqu'à ce que les pommes de terre soient tendres. Jeter la feuille de laurier, ajouter les moules et laisser mijoter 5-10 minutes. Assaisonner de sauce Tabasco et servir très chaud.

POUR 6 CONVIVES.

Soupe aux moules aux tomates rôties et au vin blanc

1 ½ kg/3 ⅓ lb de moules

340 g/12 oz de tomates

75 ml/2 ½ oz d'huile d'olive

4 gousses d'ail broyées

1 oignon brun haché

125 ml/½ tasse de vin blanc

400 g/14 oz de tomates en conserve, pelées

55 ml/2 oz de concentré de tomate

85 ml/3 oz de bouillon de poisson ou d'eau

30 ml/2 c. à soupe d'origan haché

Sel et poivre

1. Laver, brosser puis ébarber les moules. Jeter celles qui sont ouvertes.

2. Placer les tomates coupées en deux sur une plaque de four, les arroser d'huile d'olive, les saler puis les faire rôtir au four 20 minutes.

3. Dans une grande casserole, faire chauffer l'huile puis y faire revenir l'ail et l'oignon. Ajouter le vin blanc et faire cuire 2 minutes. Ajouter les tomates rôties, les tomates en conserve, le concentré de tomate, le bouillon (ou l'eau) et l'origan et laisser mijoter 5-10 minutes. Assaisonner au goût. Mettre les moules dans la casserole, couvrir et faire cuire 5 minutes. Jeter les moules non ouvertes.

4. Servir la soupe avec du pain italien croustillant.

POUR 4 À 6 CONVIVES.

Soupe won ton aux crevettes

2 1/2 L/10 tasses de bouillon de poulet

1 carotte coupée en fines lanières

1 branche de céleri coupée en fines lanières

½ poivron rouge, coupé en fines lanières

24 grosses crevettes cuites, décortiquées et déveinées

WON TONS AU PORC :

255 g/9 oz de porc maigre haché

1 œuf légèrement battu

2 oignons verts (ciboules) hachés

1 petit piment rouge frais, épépiné et haché

15 ml/1 c. à soupe de sauce soja

15 ml/1 c. à soupe de sauce aux huîtres

24 feuilles de pâte à won tons (ou à rouleaux de printemps) de 12 ½ cm²/5 po ²

1. Won tons : bien mélanger le porc, l'œuf battu, les oignons verts, le piment, la sauce soja et la sauce aux huîtres dans un grand bol.

2. Placer un peu du mélange au milieu de chaque feuille de pâte puis en ramener les coins vers le centre et façonner les won tons. Placer ceux-ci dans un panier à étuver posé au-dessus d'une casserole d'eau qui bout et les faire cuire 3-4 minutes.

3. Verser le bouillon de poulet dans une grande casserole et l'amener à ébullition à feu moyen. Ajouter la carotte, le céleri et le poivron et laisser mijoter 1 minute. Ajouter les crevettes et cuire 1 minute de plus.

4. Placer 3-4 won tons dans chaque bol et les couvrir de soupe. Servir aussitôt.

POUR 6 À 8 CONVIVES.

salades

Salade aux crevettes sri lankaise

1 kg/2 ¼ lb de grosses crevettes cuites, décortiquées et déveinées

1 pamplemousse défait en quartiers

1 orange défaite en quartiers

2 bananes, pelées et tranchées

1 oignon tranché

6 feuilles d'épinards hachées

30 g/1 oz de noix de cajou hachées

VINAIGRETTE :

30 ml/2 c. à soupe de jus de citron

250 ml/1 tasse de yogourt (yaourt) nature

5 ml/1 c. à thé de poudre de curry

30 ml/2 c. à soupe de mayonnaise

1. Mettre les crevettes, le pamplemousse, l'orange, les bananes, l'oignon et les épinards dans un grand bol à salade. Réserver.

2. Préparer la vinaigrette en mélangeant bien dans un bol le jus de citron, le yogourt, la poudre de curry et la mayonnaise.

3. Arroser la salade de vinaigrette et bien mélanger. Garnir la salade de noix de cajou, couvrir et réfrigérer.

POUR 6 CONVIVES.

Salade aux pêches et aux crevettes

200 g/7 oz de pêches séchées

15 ml/1 c. à soupe de jus de citron

10 ml/2 c. à thé de zeste de citron râpé

10 ml/2 c. à thé de cassonade

1 c. à café/¹/₂ c. à thé de sel

1 c. à café/¹/₂ c. à thé de poivre noir frais moulu

80 ml/¹/₃ de tasse de vinaigre de sherry

2 gouttes de sauce Tabasco

10 ml/2 c. à thé de moutarde de Dijon

1 œuf

160 ml/²/₃ de tasse d'huile d'olive légère

500 g/l lb de mesclun

12 crevettes géantes, décortiquées et déveinées

1. Mettre les pêches dans un bol à fond plat. Mélanger dans un autre bol les sept ingrédients suivants puis en couvrir les pêches. Laisser reposer à la température ambiante 30 minutes.

2. Retirer les pêches de la marinade, verser celle-ci dans le mélangeur ou le robot de cuisine, ajouter la moutarde et l'œuf et réduire le tout en purée lisse. Incorporer ensuite l'huile en un jet continu. La vinaigrette devrait être crémeuse et épaissir un peu.

3. Répartir le mesclun dans 4 bols à salade, placer 2 moitiés de pêche puis 3 crevettes sur celles-ci. Arroser de vinaigrette et servir aussitôt.

Salade aux pêches et aux crevettes

POUR 4 CONVIVES.

Salade aux crevettes et à l'avocat

750 g/1 ²/₃ lb de crevettes géantes cuites

1 avocat tranché

1 pamplemousse défait en quartiers

VINAIGRETTE :

30 ml/2 c. à soupe de mayonnaise

30 ml/2 c. à soupe de crème sure (aigre)

15 ml/1 c. à soupe de yogourt (yaourt)

30 ml/2 c. à soupe de menthe hachée

1. Décortiquer et déveiner les crevettes. Les disposer avec l'avocat et le pamplemousse dans une grande assiette de service.

2. Vinaigrette : mélanger la mayonnaise, la crème sure, le yogourt et la menthe. Arroser la salade de vinaigrette et servir aussitôt.

POUR 4 CONVIVES.

Salade à la méditerranéenne

200 g/7 oz de couscous instantané

500 ml/2 tasses d'eau bouillante

15 ml/1 c. à soupe d'huile d'olive

15 ml/1 c. à soupe de vinaigre balsamique

Poivre noir frais moulu

1 concombre tranché

1 poivron vert haché

3 tomates italiennes hachées

12 tomates séchées tranchées

55 g/2 oz d'artichauts marinés, égouttés et tranchés

55 g/2 oz d'olives noires dénoyautées et tranchées

200 g/7 oz de crevettes cuites, décortiquées et déveinées (facultatif)

115 g/4 oz de feta coupée en cubes de 2 cm/1 po

30 ml/2 c. à soupe de basilic frais (ou la moitié de basilic séché)

10 ml/2 c. à thé de zeste de citron ou de lime finement râpé

1. Dans un grand bol, verser l'eau bouillante sur le couscous et mêler jusqu'à ce que l'eau ait été absorbée. Ajouter l'huile, le vinaigre et le poivre noir et mêler. Réserver.

2. Mettre le concombre, le poivron, les tomates, les artichauts, les olives, les crevettes (si on s'en sert), la feta, le basilic et le zeste dans un bol à salade. Bien mélanger. Ajouter le couscous et mêler le tout.

POUR 4 CONVIVES.

Salade de paella aux fruits de mer

1 L/4 tasses de bouillon de poulet

500 g/1 lb de grosses crevettes crues

1 queue de homard crue (facultatif)

500 g/1 lb de moules entières nettoyées

30 ml/2 c. à soupe d'huile d'olive

1 oignon haché

2 tranches de jambon coupées en cubes de 1 cm/ ½ po

500 ml/2 tasses de riz

1 c. à café/½ c. à thé de curcuma

115 g/4 oz de pois verts frais ou surgelés

1 poivron rouge coupé en dés

VINAIGRETTE À L'AIL :

125 ml/½ tasse d'huile d'olive

60 ml/¼ de tasse de vinaigre de vin blanc

45 ml/3 c. à soupe de mayonnaise

2 gousses d'ail broyées

30 ml/2 c. à soupe de persil haché

Poivre noir frais moulu

1. Verser le bouillon dans une grande casserole et amener à ébullition. Ajouter les crevettes et les faire cuire 1-2 minutes. Retirer les crevettes de la casserole et les réserver. Faire cuire ensuite la queue de homard 5 minutes puis la retirer du bouillon et la réserver. Faire cuire les moules et au bout de 5 minutes, jeter les moules non ouvertes. Réserver les moules ouvertes. Passer le bouillon et le réserver. Décortiquer et déveiner les crevettes en en gardant les queues intactes. Mettre tous les fruits de mer au réfrigérateur jusqu'au moment de l'utilisation.

2. Dans une grande casserole, faire chauffer l'huile d'olive puis y faire revenir l'oignon 4-5 minutes. Ajouter le jambon, le riz et le curcuma et les faire cuire, en les remuant, 2 minutes. Ajouter le bouillon et amener à ébullition. Réduire le feu et laisser mijoter 15 minutes ou jusqu'à ce que le riz soit cuit et le liquide absorbé. Ajouter les pois et le poivron. Couvrir le tout et le réfrigérer 2 heures au moins.

3. Vinaigrette : Mettre l'huile, le vinaigre, la mayonnaise, l'ail, le persil et le poivre dans le mélangeur ou le robot de cuisine. Bien mélanger.

4. Au moment de servir, mettre les fruits de mer et le riz dans un grand bol à salade, arroser de vinaigrette et mélanger.

POUR 4 CONVIVES.

Moules à la scandinave

100 ml/3 ¹/₂ oz d'eau

¹/₂ oignon finement haché

¹/₂ branche de céleri finement hachée

¹/₂ poivron rouge finement haché

15 ml/1 c. à soupe de sucre

30 ml/2 c. à soupe de vinaigre blanc

1 kg/2 ¹/₄ lb de moules noires nettoyées et cuites à la marinière (voir p. 237)

60 ml/4 c. à soupe de mayonnaise

60 ml/4 c. à soupe de persil haché

Le jus de 1 citron

Sel et poivre au goût

1. Dans une petite casserole, amener à ébullition l'eau, l'oignon, le céleri, le poivron, le sucre et le vinaigre. Faire cuire 1 minute. Retirer les légumes du liquide et les laisser refroidir. Jeter le liquide.

2. Dans un bol à salade, mélanger les moules, la mayonnaise, les légumes, le persil et le jus de citron. Assaisonner au goût.

3. Servir les moules avec une salade verte ou de pommes de terre froides.

POUR 2 CONVIVES.

Salade aux tomates, au maïs et aux crevettes

500 ml/2 tasses de grains de maïs cuits

1 oignon émincé

200 g/7 oz de crevettes cuites, décortiquées et déveinées puis coupées en morceaux de 1 cm/ 1/2 po de long

2 tomates hachées

55 g/2 oz d'oignons verts (ciboules) hachés

1 poivron rouge épépiné et finement haché

30 ml/2 c. à soupe de vinaigre de vin rouge

30 ml/2 c. à soupe d'huile d'olive

1 gousse d'ail broyée

15 ml/1 c. à soupe de jus de citron frais

Persil haché

1. Dans un grand bol à salade, mélanger le maïs, l'oignon, les crevettes, les tomates, les oignons verts et le poivron.

2. Bien battre ensemble le vinaigre, l'huile, l'ail et le jus de citron. Arroser les légumes de vinaigrette et servir la salade garnie de persil.

POUR 4 CONVIVES.

Salade aux petits poulpes grillés

340 g/12 oz de petits poulpes nettoyés

5 ml/1 c. à thé d'huile de sésame

15 ml/1 c. à soupe de jus de lime

60 ml/¼ de tasse de sauce au piment douce

15 ml/1 c. à soupe de sauce au poisson (nam pla)

55 g/2 oz de vermicelles de riz

115 g/4 oz de mesclun

250 ml/1 tasse de germes de soja

1 concombre libanais coupé en morceaux

200 g/7 oz de tomates cerises coupées en deux

1 botte de coriandre

Quartiers de lime

1. Passer les poulpes sous l'eau froide puis les assécher.

2. Mettre l'huile de sésame, le jus de lime, la sauce au piment et la sauce au poisson dans un pot et bien brasser. Couvrir les poulpes de vinaigrette. Couvrir le plat d'une feuille de plastique et réfrigérer au moins 4 heures (ou toute la nuit). Égoutter ensuite les poulpes en réservant la marinade.

3. Mettre les vermicelles dans un bol, les couvrir d'eau bouillante et laisser reposer 10 minutes. Bien égoutter.

4. Répartir le mesclun dans des bols et ajouter les germes de soja, les vermicelles, le concombre et les tomates cerises.

5. Faire griller les petits poulpes sur un gril ou un barbecue préchauffé jusqu'à ce qu'ils soient tendres et bien colorés. Mettre la marinade dans un caquelon et l'amener à ébullition. Mettre les poulpes sur les légumes, les arroser de marinade chaude et garnir le tout de brins de coriandre. Servir avec les quartiers de lime.

POUR 4 À 6 CONVIVES.

Salade aux fruits de mer barbecue

30 ml/2 c. à soupe de jus de citron

15 ml/1 c. à soupe d'huile d'olive

300 g/10 ½ oz de poisson blanc à chair ferme (espadon, maquereau ou morue) coupé en cubes de 2 ½ cm/1 po

300 g/10 ½ oz de poisson à chair rosée (saumon, truite saumonée, merlan ou thon)

12 pétoncles

12 crevettes crues (avec ou sans la carapace)

1 calmar nettoyé, les tentacules coupés en rondelles

1 gros oignon coupé en rondelles

1 concombre anglais émincé

1 botte de cresson séparée en brins

VINAIGRETTE AUX FRAMBOISES ET À L'ESTRAGON :

45 ml/3 c. à soupe d'estragon frais haché

30 ml/2 c. à soupe de vinaigre de framboise ou de vin rouge

30 ml/2 c. à soupe de jus de citron

15 ml/1 c. à soupe d'huile d'olive

Poivre noir frais moulu

1. Verser le jus de citron et l'huile dans un bol et bien les mêler. Ajouter le poisson blanc et le poisson rose, les pétoncles, les crevettes et le calmar. Mélanger, couvrir et réfrigérer 1 heure ou jusqu'au moment d'utiliser. Ne pas faire mariner plus de 2 heures.

2. Allumer le barbecue ou faire chauffer une poêle à griller sur feu très vif. Égoutter les fruits de mer et le poisson et les mettre dans la poêle ou sur le barbecue. Ajouter l'oignon. Faire cuire 6-8 minutes, en retournant souvent le tout. Éviter de trop cuire sinon les fruits de mer durciront. Mettre la marée dans un bol et laisser refroidir puis ajouter le concombre.

3. Tapisser le fond d'un plat de service de cresson puis placer la marée et le concombre dessus.

4. Pour faire la vinaigrette, mettre les ingrédients indiqués dans un pot, le fermer puis bien brasser.

5. Arroser la salade de vinaigrette et servir aussitôt.

POUR 8 PERSONNES.

Carpaccio de thon aux endives

200 g/7 oz de thon ou d'espadon frais

4 endives, feuilles séparées

1 oignon rouge haché

15 ml/1 c. à soupe de câpres rincées et égouttées

VINAIGRETTE À LA LIME ET AU RAIFORT :

30 ml/2 c. à soupe d'huile d'olive

30 ml/2 c. à soupe de jus de lime

15 ml/1 c. à soupe de sherry ou de vinaigre de vin

5 ml/1 c. à thé de raifort mariné

1. À l'aide d'un couteau coupant, couper le poisson en feuilles minces. (L'opération en sera facilitée si vous mettez le poisson au congélateur 10 minutes — pas plus — avant de le trancher.)

2. Répartir le poisson sur les feuilles d'endive. Garnir d'oignon et de câpres.

3. Pour faire la vinaigrette, mettre les ingrédients indiqués dans un bol et les battre.

4. Arroser le poisson de vinaigrette et servir aussitôt avec des crostini ou du pain croustillant frais.

POUR 6 CONVIVES.

Salade aux fruits de mer barbecue

Sangchssajang de pétoncles et de mangue

600 g/21 oz de pétoncles

15 ml/1 c. à soupe de farine de maïs

10 ml/2 c. à thé de cassonade

10 ml/2 c. à thé d'huile d'olive ou d'arachide

2 échalotes émincées

15 ml/1 c. à soupe de gingembre frais, râpé

6 pointes d'asperges hachées

125 ml/½ tasse de mirin ou vin blanc sec

30 ml/2 c. à soupe de jus de lime ou de citron

10 ml/2 c. à thé de sauce au poisson (facultatif)

10 ml/2 c. à thé de sauce soja faible en sel

1 petit piment rouge frais, émincé

1 mangue, la chair coupée en dés

30 ml/2 c. à soupe de basilic, ou de coriandre, haché

500 ml/2 tasses de riz au jasmin ou calrose cuit et chaud

1 tête de laitue beurre (Boston, Bibb) ou de radicchio, feuilles séparées

1. Mettre les pétoncles, la farine de maïs et la cassonade dans un sac de plastique. Brasser le sac en tous sens pour enrober les pétoncles.

2. Faire chauffer l'huile à feu vif dans une poêle qui n'attache pas. Y faire sauter les pétoncles 2-3 minutes. Retirer les pétoncles cuits de la poêle. Réserver.

3. Mettre le reste de l'huile dans la poêle et la faire chauffer à feu moyen. Y faire sauter les échalotes et le gingembre 1 minute puis ajouter les asperges, le mirin, le jus de lime, le poisson, la sauce au poisson, la sauce soja et le piment. Faire sauter 4 minutes ou jusqu'à ce que les asperges soient cuites. Ajouter la mangue, le basilic (ou la coriandre) et mêler le tout.

4. Mettre du riz dans une feuille de laitue puis le couvrir du mélange aux pétoncles. On peut manger le tout avec les doigts.

POUR 4 CONVIVES (comme repas léger)
OU 6 (comme entrée).

Salade d'endives, de palourdes et de moules

400 g/14 oz de palourdes

400 g/14 oz de moules

1 oignon émincé

1 branche de céleri émincée

1 gousse d'ail hachée

250 ml/1 tasse d'eau ou de vin blanc

2 endives, feuilles séparées

4 tranches de prosciutto cuites sous le gril puis émiettées

55 ml/2 oz d'huile d'olive vierge

15 ml/1 c. à soupe de jus de citron

Sel et poivre

LÉGUMES MARINÉS :

1 carotte pelée et tranchée

½ oignon coupé en deux

½ branche de céleri

15 graines de coriandre grossièrement broyées

Sel et poivre

30 ml/1 oz de vinaigre de sherry

250 ml/1 tasse d'eau

1. Mettre les palourdes et les moules dans une grande casserole avec l'oignon, le céleri, l'ail et l'eau (ou le vin). Faire cuire les fruits de mer jusqu'à ce qu'ils soient ouverts, en les remuant souvent pour qu'ils cuisent également. Laisser refroidir et retirer la chair des coquilles.

2. Légumes marinés : mettre les ingrédients indiqués dans une casserole et les faire bouillir 2 minutes. Laisser refroidir les légumes puis les égoutter.

3. Mélanger tous les autres ingrédients aux légumes marinés. Ajouter les moules et les palourdes et réfrigérer le tout 15 minutes. Servir la salade avec du pain croustillant ou des Grissini.

POUR 4 CONVIVES.

Salade de calmars et de pétoncles

1 poivron rouge épépiné et coupé en deux

1 poivron vert ou jaune épépiné et coupé en deux

2 tentacules de calmar

255 g/9 oz de pétoncles (laitance éliminée)

255 g/9 oz de pointes d'asperges coupées en tronçons de 5 cm/2 po de long, blanchies

1 oignon espagnol émincé

45 ml/3 c. à soupe de coriandre hachée

1 botte de roquette ou de cresson

VINAIGRETTE :

15 ml/1 c. à soupe de gingembre frais, râpé

15 ml/1 c. à soupe de romarin frais, haché

1 gousse d'ail broyée

60 ml / ¼ de tasse d'huile d'olive

30 ml/2 c. à soupe de jus de lime

15 ml/1 c. à soupe de vinaigre balsamique ou de vin rouge

1. Vinaigrette : mettre les ingrédients indiqués dans un pot, fermer celui-ci et bien brasser le tout. Réserver.

2. Préchauffer le barbecue à feu vif. Mettre les moitiés de poivron sur la grille légèrement huilée, la peau vers le bas, et les faire rôtir 5-10 minutes jusqu'à ce que la peau en soit carbonisée et fendue. (On peut aussi les faire rôtir au four sous le gril.) Mettre les poivrons dans un sac de plastique et les laisser refroidir. Enlever ensuite les peaux et couper la chair en fines lanières.

3. À l'aide d'un couteau tranchant, fendre chaque tentacule de calmar dans le sens de la longueur puis en inciser délicatement la chair en forme de croix. Faire attention à ne pas percer la chair. Couper ensuite la chair en cubes de 5 cm/2 po.

4. Placer le calmar et les pétoncles sur une plaque de barbecue légèrement huilée et les faire cuire et s'attendrir, en les retournant plusieurs fois, 3 minutes ou jusqu'à ce qu'ils soient attendris. Réserver.

5. Mélanger les poivrons, les asperges, l'oignon et la coriandre. Garnir une grande assiette de service de roquette (ou de cresson), couvrir de légumes puis du calmar et des pétoncles. Arroser de vinaigrette et servir aussitôt.

POUR 4 CONVIVES.

Salade de langouste et de truite saumonée fumée

1 langouste cuite

400 g/14 oz de truite saumonée fumée

1 concombre anglais

1 courgette verte

1 courgette jaune

1 carotte

100 g/3 ½ oz de feuilles de chou chinois grossièrement hachées

1 botte de ciboulette hachée

MARINADE :

Le jus de 2 limes

15 ml/1 c. à soupe de sucre de palme

125 ml/½ tasse d'huile d'olive

Sel et poivre

1. Retirer la chair de la queue de la langouste, la trancher finement et la réserver. Couper la truite fumée en fines lanières et réserver.

2. Couper le concombre en deux sur le long puis en éliminer les graines. Trancher le concombre avec une mandoline, une râpe à légumes ou un éplucheur de manière à obtenir de longues lanières fines comme des fettucines. Trancher les courgettes et la carotte pelée de la même manière.

3. Mélanger délicatement la langouste, la truite, les légumes et les feuilles de chou.

4. Pour faire la vinaigrette, faire chauffer le jus de lime et y dissoudre le sucre de palme. Verser dans un bol et battre avec l'huile d'olive pour obtenir une émulsion. Assaisonner et verser la vinaigrette sur la salade. Bien mélanger.

5. Disposer la salade dans une grande assiette de service, garnir de ciboulette et servir aussitôt.

POUR 6 À 8 CONVIVES.

Salade niçoise

Feuilles de laitue au choix

SALADE DE THON :

400 g/14 oz de thon en conserve, égoutté et émietté

115 g/4 oz de cœurs d'artichauts en conserve, égouttés et tranchés (facultatif)

115 g/4 oz de fromage goûteux (vieux cheddar ou feta) coupé en dés

4 œufs durs tranchés

2 pommes de terre cuites et tranchées

2 tomates tranchées

1 oignon tranché

225 g/8 oz de haricots verts, cuits

45 g/1 ½ oz d'olives farcies, tranchées

VINAIGRETTE NIÇOISE :

60 ml/¼ de tasse d'huile d'olive

30 ml/2 c. à soupe de vinaigre

1 gousse d'ail broyée

1 c. à café/½ c. à thé de moutarde de Dijon

Poivre noir frais moulu

1. Mettre le thon, les artichauts, le fromage, les œufs, les pommes de terre, les tomates, l'oignon, les haricots et les olives dans un grand bol à salade et bien mélanger.

2. Mettre l'huile, le vinaigre, l'ail, la moutarde et le poivre dans un pot, fermer celui-ci et bien brasser le tout. Arroser les légumes et le thon de vinaigrette et mêler délicatement.

3. Tapisser une grande assiette de service de feuilles de laitue et couvrir de salade. On peut servir la salade avec de la baguette fraîche ou rôtie. On peut ajouter des anchois et du parmesan grossièrement râpé au plat.

POUR 6 CONVIVES.

Salade de calmars grillés et de purée de fèves

4 gros tentacules de calmar nettoyés

90 ml/6 c. à soupe d'huile d'olive extravierge

6 gousses d'ail broyées

3 petits piments rouges, émincés

30 ml/2 c. à soupe d'origan frais, haché

1 brin de romarin

570 g/20 oz de fèves cannellini en conserve, rincées et égouttées

4 oignons vers (ciboules) émincés

30 ml/2 c. à soupe de persil plat, haché

30 ml/2 c. à soupe de jus de citron

Feuilles de roquette

1. À l'aide d'un couteau tranchant, fendre chaque tentacule dans le sens de la longueur puis en inciser délicatement la chair en forme de croix. Faire attention à ne pas percer la chair. Couper ensuite la chair en cubes de 5 cm/2 ½ po. Mélanger dans un grand bol 30 ml/2 c. à soupe d'huile d'olive, 3 gousses d'ail, 2 piments, l'origan et le calmar, couvrir et réfrigérer 1-3 heures.

2. Dans une petite poêle, faire revenir 60 ml/4 c. à soupe d'huile, le romarin, 3 gousses d'ail et 1 piment. Passer l'huile et la réserver. Jeter le romarin et l'ail.

3. Faire chauffer les fèves dans une casserole. Mettre la moitié des fèves dans le mélangeur et les réduire en purée en y versant l'huile aromatisée en filet. Incorporer le reste des fèves au mélange puis réserver la purée au chaud.

4. Faire chauffer une poêle à frire sur feu vif, égoutter le calmar et le faire sauter jusqu'à ce qu'il soit cuit.

5. Incorporer les oignons verts et le persil à la purée de fèves. Répartir celle-ci dans les assiettes et la couvrir de calmar. Arroser de jus de citron et servir avec la roquette.

POUR 6 CONVIVES.

Salade de pois chiches et de truite

1 tête de chicorée frisée, feuilles séparées

1 botte de roquette

400 g/14 oz de pois chiches en conserve, rincés et égouttés

115 g/4 oz de chèvre aux herbes émietté

1 oignon émincé

255 g/9 oz de truite fumée, la chair émiettée seulement

30 ml/2 c. à soupe de basilic haché

1 poivron rouge coupé en deux, rôti puis pelé et émincé

VINAIGRETTE À LA LIME ET AU MIEL :

125 ml/1/2 tasse de yogourt (yaourt)

15 ml/1 c. à soupe de menthe hachée

15 ml/1 c. à soupe de cumin moulu

15 ml/1 c. à soupe de miel

15 ml/1 c. à soupe de jus de lime

1. Disposer les feuilles de chicorée et de roquette dans une grande assiette de service. Couvrir de pois chiches, de chèvre, oignon et chair de truite. Garnir de basilic puis de poivron rouge.

2. Mettre les ingrédients indiqués pour la vinaigrette dans un bol et bien mélanger. Arroser la salade de vinaigrette et servir.

Note : Les pois chiches sont légèrement croquants et donnent un goût de noisette à cette salade aussi bien qu'aux plats mijotés et aux soupes. On peut aussi se servir de pois chiches secs. *Mode de cuisson :* Faire tremper les pois chiches en eau froide toute la nuit puis les égoutter. Les mettre dans une grande casserole, les couvrir d'eau froide et amener à ébullition à feu moyen. Réduire le feu et faire mijoter les pois chiches 45-60 minutes ou jusqu'à ce qu'ils soient tendres. Égoutter et laisser refroidir.

POUR 4 CONVIVES.

Salade d'asperges et de saumon

750 g/1 ²/₃ lb de pointes d'asperges parées

Feuilles de laitue au goût

510 g/18 oz de tranches de saumon fumé

SAUCE AU YOGOURT (YAOURT) ET AU CITRON :

250 ml/1 tasse de yogourt (yaourt) nature

15 ml/1 c. à soupe de zeste de citron finement râpé

15 ml/1 c. à soupe de jus de citron

15 ml/1 c. à soupe d'aneth frais haché

5 ml/1 c. à thé de cumin moulu

1. Faire cuire les asperges (bouillies, à la vapeur ou au micro-ondes). Égoutter les asperges puis les passer à l'eau froide. Égoutter de nouveau puis réfrigérer. Disposer la laitue, les asperges et le saumon dans les assiettes.

2. Mettre les ingrédients indiqués pour la vinaigrette dans un bol et bien les mélanger.

3. Arroser la salade de vinaigrette, couvrir et réfrigérer avant de servir.

Note : On peut remplacer les asperges par des haricots verts ou des pois mange-tout.

POUR 4 CONVIVES.

Salade chaude de poulpes barbecue et de pommes de terre

500 g/1 lb de petits poulpes nettoyés

500 g/1 lb de pommes de terres rouges, lavées

Roquette ou mesclun

2 concombres libanais hachés

2 oignons verts (ciboules) émincés

MARINADE AU PIMENT ET À LA LIME :

30 ml/2 c. à soupe d'huile d'olive

Le jus de 1 citron ou 1 lime

1 petit piment rouge frais, coupé en petits dés

1 gousse d'ail broyée

CONCASSÉ DE TOMATES (FACULTATIF) :

4 tomates italiennes, coupées en dés

125 ml/1/2 tasse de coriandre fraîche, hachée

1/2 oignon rouge haché

80 ml/¹/₃ de tasse de vinaigre balsamique ou vinaigre de sherry

15 ml/1 c. à soupe d'huile d'olive

15 ml/1 c. à soupe de jus de citron

Poivre noir frais moulu

1. Pour faire la marinade, mettre l'huile, le jus de citron ou de lime, le piment et l'ail dans un bol. Bien mêler. Couper les poulpes en deux sur le long (s'ils sont très petits, les garder entiers). Couvrir les poulpes de marinade et les faire macérer toute la nuit ou 2 heures au moins au réfrigérateur.

2. Faire bouillir les pommes de terre ou les faire cuire au micro-ondes. Égoutter les pommes de terre, les laisser refroidir un peu puis les couper en morceaux d'une bouchée.

3. Pour faire le concassé, mettre les ingrédients indiqués et mélanger.

4. Préchauffer une plaque de barbecue ou une poêle à griller sur feu vif. Tapisser une assiette de service de roquette. Disposer les pommes de terre, le concombre et les oignons verts dessus. Égoutter les poulpes puis les faire griller sur le barbecue ou dans la poêle, en les retournant souvent, 3-4 minutes ou jusqu'à ce que les tentacules se recroquevillent. Éviter de trop cuire pour ne pas faire durcir.

5. Disposer les poulpes sur les légumes, couvrir de concassé de tomates (si on s'en sert). Servir avec du pain croustillant.

POUR 6 CONVIVES.

Salade de pétoncles et de crevettes

12 crevettes géantes crues, décortiquées et déveinées

500 g/1 lb de pétoncles

2 gros oignons émincés

VINAIGRETTE :

10 ml/2 c. à thé d'aneth frais, finement haché

10 ml/2 c. à thé de persil finement haché

10 ml/2 c. à thé de ciboulette finement hachée

1 gousse d'ail broyée

15 ml/1 c. à soupe de jus de lime

250 ml/1 tasse de vinaigre de vin rouge

60 ml/4 c. à soupe d'huile végétale

Poivre noir frais moulu

1. Faire chauffer une poêle à griller ou une plaque de barbecue et y faire griller les pétoncles, les crevettes et les oignons 3-4 minutes. Laisser refroidir.

2. Mélanger les ingrédients indiqués pour la vinaigrette.

3. Mettre les fruits de mer, l'oignon et la vinaigrette dans un bol et bien mélanger le tout.

POUR 6 CONVIVES.

Salade chaude de poulpes
barbecue et de pommes de terre

Salade de papaye et de crevettes

10 ml/2 c. à thé d'huile végétale

10 ml/2 c. à thé de pâte de piment (sambal oelek)

2 tiges de citronnelle (lemon-grass) hachées (ou 5 ml/1 c. à thé de citronnelle séchée, réhydratée en eau chaude)

30 ml/2 c. à soupe de gingembre frais, râpé

500 g/1 lb de crevettes moyennes crues, décortiquées et déveinées

½ chou chinois râpé

4 échalotes hachées

1 papaye pelée et tranchée

55 g/2 oz de cresson

55 g/2 oz d'arachides rôties hachées

30 g/1 oz de coriandre hachée

VINAIGRETTE :

5 ml/1 c. à thé de cassonade

45 ml/3 c. à soupe de jus de lime

30 ml/2 c. à soupe de sauce au poisson (nam pla)

15 ml/1 c. à soupe de vinaigre de coco

1. Dans une poêle à frire, faire chauffer l'huile à feu vif puis y faire sauter la pâte de piment, la citronnelle et le gingembre 1 minute. Ajouter les crevettes et les faire sauter 2 minutes. Laisser refroidir un peu.

2. Disposer le chou, les échalotes, la papaye, le cresson, les arachides, la coriandre puis les crevettes dans une assiette de service.

3. Mélanger les ingrédients indiqués pour la vinaigrette puis en arroser la salade et servir aussitôt.

POUR 4 CONVIVES.

Salade de couscous aux fruits de mer et à la menthe

Salade de couscous aux fruits de mer et à la menthe

125 ml/¹/₂ tasse d'huile d'olive

60 ml/4 c. à soupe de jus de citron frais

1 grosse gousse d'ail finement hachée

5 ml/1 c. à thé de graines de céleri

Sel et poivre au goût

¹/₂ c. à café/¹/₄ de c. à thé de curcuma

¹/₂ c. à café/¹/₄ de c. à thé de cumin

500 ml/2 tasses de bouillon de légumes bouillant

500 g/1 lb de crevettes géantes décortiquées, queues intactes

200 g/7 oz de rondelles de calmar

285 g/10 oz de couscous instantané

3 tomates coupées en petits dés

2 branches de céleri coupées en petits dés

6 oignons verts (ciboules) hachés

20 feuilles de menthe finement tranchées

1. Bien battre ensemble dans un petit bol l'huile, le jus de citron, l'ail et les graines de céleri, assaisonner et réserver.

2. Délayer le curcuma et le cumin dans le bouillon chaud puis y mettre les crevettes et le calmar et faire cuire 2 minutes ou jusqu'à ce que les crevettes soient orangées. Retirer les fruits de mer du bouillon.

3. Mettre le couscous dans un grand bol et le couvrir de bouillon. Bien mélanger et laisser reposer 10 minutes ou jusqu'à ce que le bouillon ait été absorbé par le couscous.

4. Défaire le couscous avec une fourchette, y mettre les crevettes et le calmar, les tomates, le céleri, les oignons verts et la menthe. Ajouter la vinaigrette et mélanger délicatement le tout.

POUR 6 CONVIVES.

Salade de moules marinées

375 ml/1 ¹/₂ tasse d'eau

1 petite carotte coupée en petits dés

55 g/2 oz de chou-fleur coupé en morceaux d'une bouchée

¹/₂ poivron rouge, coupé en petits dés

¹/₂ oignon coupé en petits dés

Une pincée de safran

10 graines de coriandre grossièrement broyées

45 ml/3 c. à soupe de vinaigre de sherry

300 g/10 ¹/₂ oz de chair de moule (équivalent à 1 kg/2 ¹/₄ lb de moules dans leur coquille cuites à la marinière, voir p. 237)

Une poignée de mesclun

Tomates cerises coupées en quartiers

45 ml/3 c. à soupe d'huile d'olive vierge

Sel et poivre

1. Mettre dans une casserole l'eau, la carotte, le chou-fleur, le poivron, l'oignon, le safran et la coriandre.

2. Amener à ébullition à feu vif, cuire un peu puis ajouter le vinaigre de sherry. Retirer du feu et laisser refroidir. Égoutter les légumes et jeter le liquide de cuisson.

3. Dans un grand bol à salade, mélanger les moules, le mesclun, les tomates, l'huile et les légumes. Assaisonner au goût et servir la salade avec du pain croustillant.

POUR 4 CONVIVES.

Salade de crabe en vinaigrette aux tomates

2 gros crabes préparés (soit environ 250g/9 oz de chair)

1 gros bulbe de fenouil émincé (partie feuillue hachée pour garnir)

85 g/3 oz de mesclun

15 ml/1 c. à soupe de ciboulette hachée

Paprika ou piment de Cayenne

VINAIGRETTE :

2 grosses tomates

75 ml/5 c. à soupe d'huile d'olive

15 ml/1 c. à soupe de vinaigre de vin blanc

60 ml/4 c. à soupe de crème

5 ml/1 c. à thé d'estragon frais haché

Sel et poivre noir

Une pincée de sucre granulé fin

Quelques gouttes de sauce Worcestershire

Un segment de 5 cm/2 po de long de concombre coupé en dés

1. Vinaigrette : Mettre les tomates dans un bol puis les couvrir d'eau bouillante. Faire tremper 30 secondes puis les peler, les épépiner et couper en petits dés. Dans un autre bol, battre ensemble l'huile et le vinaigre puis y incorporer ensuite la crème et l'estragon et assaisonner au goût. Ajouter du sucre et de la sauce Worcestershire au goût puis ajouter les tomates et le concombre.

2. Mélanger la chair de crabe et le fenouil puis leur ajouter 4 c. à soupe/60 ml de vinaigrette. Disposer le mesclun dans une grande assiette de service et mettre le mélange au crabe dessus. Arroser du reste de la vinaigrette, garnir de ciboulette et des feuilles de fenouil. Assaisonner de paprika (ou piment de Cayenne) et servir.

POUR 4 CONVIVES.

Salade de pétoncles grillés

10 ml/2 c. à thé d'huile de sésame

2 gousses d'ail broyées

400 g/14 oz de pétoncles nettoyés

4 tranches de bacon hachées

1 tête de romaine, feuilles séparées

55 g/2 oz de croûtons

Parmesan frais, grossièrement râpé

VINAIGRETTE À LA MOUTARDE :

45 ml/3 c. à soupe de mayonnaise

15 ml/1 c. à soupe d'huile d'olive

15 ml/1 c. à soupe de vinaigre

10 ml/2 c. à thé de moutarde de Dijon

1. Mettre les ingrédients indiqués pour la vinaigrette dans un bol, les battre ensemble et réserver.

2. Dans une poêle à frire, faire chauffer l'huile à feu vif puis y faire sauter l'ail et les pétoncles 1 minute, en les remuant fréquemment. Retirer le contenu de la poêle et le laisser refroidir. Mettre le bacon dans la poêle et le faire sauter 4 minutes, en le retournant fréquemment. Retirer le bacon de la poêle et le mettre sur de l'essuie-tout pour en enlever le surplus de gras.

3. Mettre les feuilles de laitue et la vinaigrette dans un grand bol à salade et bien mélanger. Ajouter le bacon, les croûtons et le parmesan et mêler de nouveau. Répartir la salade dans des assiettes, couvrir de pétoncles et servir aussitôt.

POUR 4 À 6 CONVIVES.

Salade de calmar à la thaïlandaise

3 tentacules de calmar nettoyés

200 g/7 oz de haricots verts, tranchés en biseau

2 tomates coupées en quartiers

1 petite papaye verte pelée, dénoyautée et râpée

4 oignons verts (ciboules) émincés

30 g/1 oz de feuilles de menthe fraîche

30 g/1 oz de feuilles de coriandre fraîche

1 piment rouge fort frais, haché

VINAIGRETTE À LA LIME :

30 ml/2 c. à soupe de cassonade

45 ml/3 c. à soupe de jus de lime

15 ml/1 c. à soupe de sauce au poisson (nam pla)

1. À l'aide d'un couteau tranchant, fendre chaque tentacule de calmar dans le sens de la longueur puis en inciser délicatement la chair en forme de croix. Faire attention à ne pas percer la chair.

2. Faire chauffer une poêle à frire qui n'attache pas sur feu vif puis y faire sauter et cuire le calmar 1-2 minutes de chaque côté. Retirer le calmar de la poêle puis le couper en petites lanières.

3. Mettre le calmar, les haricots, les tomates, la papaye, les oignons verts, la menthe, la coriandre et le piment dans un bol à salade.

4. Pour faire la vinaigrette, mettre les ingrédients dans un pot, fermer celui-ci et bien brasser. Arroser la salade de vinaigrette et bien mélanger le tout. Couvrir et laisser reposer 20 minutes avant de servir.

Idée de menu : Servir cette salade avec des nouilles de riz. Faire cuire 370 g/13 oz de nouilles de riz puis les égoutter et arroser d'un peu de sauce soja faible en sel. Ajouter des graines de sésame rôties et mélanger les nouilles et la salade.

POUR 4 CONVIVES.

Salade de fruits de mer à l'estragon

60 ml/4 c. à soupe d'estragon frais haché

30 ml/2 c. à soupe de jus de lime

15 ml/1 c. à soupe de zeste de lime râpé

1 petit piment rouge haché

10 ml/2 c. à thé d'huile d'olive

Poivre noir frais moulu

500 g/1 lb de queue de homard crue (chair coupée en gros morceaux) ou de filets de poisson blanc à chair ferme coupés de même

1 concombre coupé en rubans

2 carottes coupées en rubans

225 g/8 oz de germes de pois mange-tout ou cresson

1 poivron rouge coupé en fines lanières

1. Mélanger dans un bol l'estragon, le jus et le zeste de lime, le piment, l'huile et le poivre noir. Ajouter le homard (ou le poisson), mélanger et laisser mariner 15 minutes.

2. Préparer les rubans de concombre et de carotte à l'aide d'un couteau éplucheur. Disposer les germes de pois mange-tout (ou le cresson), le concombre, les carottes et le poivron dans une grande assiette de service.

3. Faire chauffer le gril du barbecue ou une poêle à frire sur feu vif puis y faire sauter le homard 2 minutes ou jusqu'à ce qu'il soit attendri, en le retournant souvent. Disposer le homard sur la salade, arroser du jus de cuisson et servir aussitôt.

Note : On peut remplacer le homard par des crevettes. Celles-ci doivent être décortiquées et déveinées avant d'être marinées.

POUR 4 CONVIVES.

Salade de fruits de mer

370 g/13 oz de rondelles de calmar

15 ml/1 c. à soupe d'huile d'olive

370 g/13 oz de crevettes moyennes crues, décortiquées et déveinées

1 gousse d'ail broyée

1 paquet d'épinards

1 oignon espagnol émincé

1 poivron rouge coupé en lanières

225 g/8 oz de pois mange-tout parés

30 ml/2 c. à soupe de menthe fraîche

30 g/1 oz d'arachides finement hachées

VINAIGRETTE AU PIMENT :

30 ml/2 c. à soupe de sauce au piment douce

15 ml/1 c. à soupe de sauce soja

15 ml/1 c. à soupe de jus de lime

15 ml/1 c. à soupe d'huile végétale

1. Mettre le calmar sur de l'essuie-tout et l'assécher.

2. Dans une poêle à frire, faire chauffer l'huile à feu moyen puis y faire sauter l'ail et les crevettes 2 minutes. Ajouter le calmar et faire sauter 2 minutes de plus. Réserver.

3. Disposer les épinards, l'oignon, le poivron, les pois mange-tout, la menthe et les arachides dans un bol ou une assiette de service. Couvrir des fruits de mer.

4. Bien mélanger les ingrédients indiqués pour la vinaigrette puis en arroser la salade. Refroidir un peu la salade avant de la servir avec du pain croustillant.

POUR 4 CONVIVES.

Salade d'avocat et de fruits de mer

6 petits poulpes

500 g/1 lb de crevettes cuites (avec les queues)

3 avocats mûrs

6 brins d'origan

VINAIGRETTE :

80 ml/⅓ de tasse d'huile d'olive

30 ml/2 c. à soupe de jus de citron

1 œuf dur finement haché

15 ml/1 c. à soupe d'origan frais haché

2 gousses d'ail broyées

1. Décapiter les poulpes juste sous les yeux puis les jeter en eau bouillante et les faire cuire jusqu'à ce qu'ils soient opaques. Les égoutter, rincer sous l'eau froide puis les couper en morceaux d'une bouchée. Préparer la vinaigrette en mêlant les ingrédients indiqués puis en couvrir les poulpes et faire mariner toute la nuit au réfrigérateur.

2. Ajouter les crevettes aux poulpes. Couper les avocats en deux, en enlever le noyau puis remplir chaque moitié de fruits de mer. Garnir d'origan et servir.

POUR 6 CONVIVES.

Salade de crevettes et d'ananas

10 châtaignes d'eau égouttées et hachées

15 ml/1 c. à soupe de gingembre frais, râpé

225 g/8 oz de tranches d'ananas en conserve, égouttées et coupées en morceaux

500 g/1 lb de crevettes cuites, décortiquées

8 feuilles de laitue (en forme de coupe)

3 oignons verts (ciboules) émincés

15 ml/1 c. à soupe de graines de sésame légèrement rôties

VINAIGRETTE :

15 ml/1 c. à soupe de jus de citron

30 ml/2 c. à soupe de vinaigre de vin blanc

15 ml/1 c. à soupe de moutarde de Dijon

60 ml/¼ de tasse d'huile d'olive

30 ml/2 c. à soupe d'huile de sésame

1. Mettre dans un grand bol les châtaignes d'eau, le gingembre, l'ananas et les crevettes.

2. Vinaigrette : battre ensemble le jus de citron, le vinaigre et la moutarde puis incorporer les huiles en filet en battant constamment le mélange.

3. Arroser les crevettes de vinaigrette et mêler délicatement.

4. Disposer les feuilles de laitue dans les assiettes, les couvrir du mélange et garnir d'oignons verts et de graines de sésame.

POUR 4 CONVIVES.

Salade de fruits de mer et de pommes de terre

750 g/1 ²/₃ lb de pommes de terre à chair ferme, non pelées

Sel

4 petites betteraves cuites, coupées en dés

1 bulbe de fenouil émincé (la partie feuillue hachée pour garnir)

1 kg/2 ¼ lb de moules

500 g/1 lb de coques

300 ml/1 ¹/₅ tasse de vin blanc ou de cidre sec

1 échalote finement hachée

4 oignons verts (ciboules) émincés

45 ml/3 c. à soupe de persil haché

VINAIGRETTE :

75 ml/5 c. à soupe d'huile d'olive

20 ml/1 ¹/₂ c. à soupe de vinaigre de cidre

1 c. à café/¹/₂ c. à thé de moutarde anglaise

Sel et poivre au goût

1. Préparer la vinaigrette en battant ensemble les ingrédients indiqués. Faire cuire les pommes de terre en eau bouillante salée 15 minutes, les égoutter, laisser refroidir 30 minutes puis peler et trancher. Les mettre dans un bol et mélanger avec la moitié de la vinaigrette. Mélanger la betterave et le fenouil avec le reste de la vinaigrette.

2. Brosser les moules et les coques à l'eau froide courante en ébarbant ces dernières. Éliminer les coquillages ouverts ou endommagés. Verser le vin (ou le cidre) dans une grande casserole, ajouter l'échalote et amener à ébullition. Laisser mijoter 2 minutes puis ajouter les coquillages et faire cuire rapidement 3-5 minutes en brassant souvent la casserole. Jeter les coquillages non ouverts. Égoutter et réserver le liquide de cuisson, mettre quelques moules entières de côté et retirer la chair des autres.

3. Faire bouillir le liquide de cuisson 5 minutes (le faire réduire à 15-30 ml/1-2 c. à soupe) et en couvrir les pommes de terre. Ajouter la chair des coquillages, les oignons verts et le persil et mêler le tout. Servir avec la salade de betteraves et de fenouil. Garnir le plat du fenouil haché et des moules dans leurs coquilles.

POUR 4 CONVIVES.

Salade de calmars au miel

6 petits calmars, nettoyés et coupés en rondelles
(ou 370 g/13 oz de rondelles de calmar surgelées)

125 ml/¹/₂ tasse de farine

Huile d'olive pour la friture

Feuilles de laitue au goût

225 g/8 oz de tomates cerises coupées en deux

1 oignon émincé

VINAIGRETTE À L'ORANGE ET AU MIEL :

60 ml/¹/₄ de tasse d'huile d'olive

15 ml/1 c. à soupe de jus d'orange

15 ml/1 c. à soupe de vinaigre

5 ml/1 c. à thé de miel

1 gousse d'ail broyée

1 c. à café/¹/₂ c. à thé de moutarde douce

Poivre noir frais moulu

1. Vinaigrette : mettre les ingrédients indiqués dans un pot, fermer celui-ci et bien brasser.

2. Assécher les rondelles de calmar sur de l'essuie-tout puis les rouler dans la farine en en secouant le surplus. Dans une poêle à frire, faire chauffer l'huile à feu moyen puis y faire frire le calmar 1-2 minutes, jusqu'à ce qu'il soit doré. Laisser le calmar s'égoutter sur de l'essuie-tout.

3. Mettre la laitue, les tomates et l'oignon dans un bol et mélanger. Répartir la salade dans des assiettes, la couvrir de calmar et arroser de vinaigrette. Servir aussitôt.

POUR 4 CONVIVES.

Salade de homard aux framboises

2 queues de homards cuites et décortiquées

1 petit radicchio, feuilles séparées

1 petite laitue beurre, feuilles séparées

100 g/3 ½ oz de germes de pois mange-tout
(ou cresson)

1 orange défaite en quartiers

225 g/8 oz de fraises coupées en deux

VINAIGRETTE :

115 g/4 oz de framboises fraîches ou surgelées

30 ml/2 c. à soupe de vinaigre de framboise

30 ml/2 c. à soupe d'huile végétale

5 ml/1 c. à thé de menthe fraîche finement hachée

15 ml/1 c. à soupe de sucre

1. Couper les queues de homards en rondelles de
1 cm/½ po d'épais. Réserver.

2. Disposer le radicchio, la laitue, les germes de pois
(ou le cresson), le homard, les quartiers d'orange et les
fraises dans une grande assiette de service. Réfrigérer
le temps requis.

3. Vinaigrette : réduire les framboises en purée dans
le mélangeur ou le robot de cuisine. Passer la purée
dans un tamis fin pour en éliminer les graines. Mélanger
la purée, le vinaigre, l'huile, la menthe et
le sucre. Verser la vinaigrette sur la salade et servir
aussitôt.

POUR 4 CONVIVES.

Salade de homard aux framboises

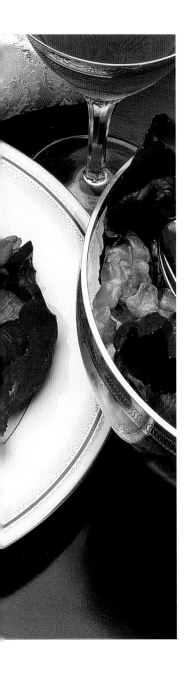

Salade de moules aux câpres et au vin blanc

1 1/2 kg/3 1/3 lb de moules entières

75 ml/5 c. à soupe d'eau

125 ml/1/2 tasse d'huile d'olive extravierge

30 ml/2 c. à soupe de vinaigre de vin blanc

10 ml/2 c. à thé de câpres bien égouttées

30 ml/2 c. à soupe d'oignon espagnol finement haché

1/2 gousse d'ail finement hachée

30 ml/2 c. à soupe de persil haché

5 ml/1 c. à thé de paprika

Une petite pincée de piment de Cayenne

Sel

1. Nettoyer les moules en jetant celles qui sont ouvertes. Mettre les moules et l'eau dans une grande casserole. Couvrir et faire cuire 4-5 minutes, en brassant la casserole à quelques reprises. Égoutter les moules et jeter celles qui sont restées fermées. Enlever la chair des coquilles.

2. Mélanger tous les autres ingrédients dans un bol. Incorporer les moules, couvrir et réfrigérer toute la nuit. Remettre la salade à la température ambiante avant de la servir.

POUR 4 CONVIVES.

Salade de fettucines au thon et au citron

500 g/1 lb de fettucines

400 g/14 oz de thon en conserve (à l'eau), égoutté et émietté

200 g/7 oz de roquette grossièrement hachée

145 g/5 oz de feta faible en gras, hachée

15 ml/1 c. à soupe d'aneth frais, haché

60 ml/¼ de tasse de jus de citron

Poivre noir frais moulu

1. Faire cuire les fettucines *al dente* en eau bouillante salée, les égoutter puis remettre dans la casserole vide.

2. Mettre la casserole sur feu doux, ajouter le thon, la roquette, la feta, l'aneth, le jus de citron et le poivre. Mélanger délicatement le tout et servir aussitôt.

POUR 4 CONVIVES.

sushis et sashimis

Ustensiles de cuisine

Voici les principaux ustensiles requis pour la préparation des sushis et des sashimis :

SALADIER EN BOIS (HANGIRI)

On s'en sert pour refroidir le riz au vinaigre en lui donnant ainsi la texture et le brillant désirés. Les saladiers japonais sont faits en cyprès et munis de poignées de cuivre. À défaut d'en posséder un, on peut se servir d'un grand bol de bois ou de plastique.

SPATULE À RIZ (SHAMOJI)

On s'en sert pour retourner et étendre le riz à sushis pendant qu'on le fait refroidir. Traditionnellement, la spatule symbolise la situation de la femme japonaise dans le ménage. On peut la remplacer par une cuiller de bois ou de plastique.

ÉVENTAIL (UCHIWA)

On s'en sert pour chasser l'humidité du riz chaud et en accélérer l'évaporation de manière à ce qu'il ait la texture et la saveur désirées. Les éventails japonais traditionnels sont faits de fines lattes de bambou recouvertes de papier ou de soie. À défaut d'en posséder un, on peut se servir d'une feuille de carton ou d'un magazine.

BOL ET COUVERCLE

Un double ustensile essentiel pour garder le riz à sushis chaud pendant qu'on prépare les sushis.

PLANCHE À DÉCOUPER (MANAITA)

Un must. Les planches à découper traditionnelles étaient faites en bois. Beaucoup de gens leur préfèrent aujourd'hui les planches de résine ou de caoutchouc car celles-ci sont beaucoup plus faciles à nettoyer.

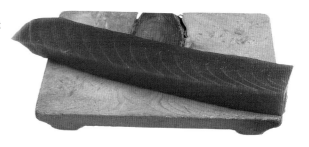

BAGUETTES (SAIBASHI)

Il y en a deux principaux types : les baguettes courtes (de table) et les baguettes longues (de cuisine). Il en existe en divers matériaux : bambou naturel ou laqué, saule, cèdre, argent, etc. On les pose sur un repose-baguettes en porcelaine.

PINCES À DÉSOSSER

On s'en sert pour enlever les petites arêtes des poissons. On peut se procurer dans les poissonneries ou cuisineries spécialisées des pinces à bouts plats plus grandes que les petites pinces à épiler normalement utilisées à la maison.

NATTE DE BAMBOU À ROULER (MAKISU)

Fabriquée de petites lattes de bambou liées par de la corde de coton, c'est un instrument essentiel dans la préparation des sushis.

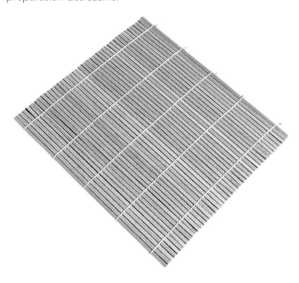

COUTEAUX

La seule manière d'obtenir des coupes parfaites (tranches fines, filets, darnes, etc.) est de se munir de couteaux en acier inoxydable de première qualité et d'un aiguisoir ou d'une queue-de-rat dont on se sert pour les affûter soi-même. Pour un chef japonais, ses couteaux constituent son bien le plus précieux et il en essuie constamment les lames sur un linge humide tandis qu'il travaille. Voici les principaux types de couteau utilisés dans la fabrication des sushis et des sashimis :

Couperet (Deba-bocho)

Un couperet est un couteau large et lourd à lame rectangulaire capable de couper les grosses arêtes (et même les os des viandes).

Couteau à légume (Nakiri-bocho)

Beaucoup plus léger et facile à manipuler que le couperet, le couteau à légume est de forme triangulaire. On ne devrait l'utiliser que pour couper les légumes et les fruits.

Couteau à poisson (Sashimi-bocho)

Un couteau à poisson est long et effilé. À Osaka, on se sert de couteaux à poisson pointus, à Tokyo, on préfère les couteaux épointés. C'est le couteau tout indiqué pour la levée des filets (voir p. 6) et la taille des rouleaux de sushi.

Ingrédients

VINAIGRE

Si on les laisse reposer et fermenter assez longtemps, toute eau sucrée ou tout alcool surissent et se transforment en vinaigre (des mots «vin» et «aigre»). Au Japon, le vinaigre est fabriqué à partir du riz dont on se sert aussi pour faire le saké. Capable d'altérer les protéines, le vinaigre détruit les bactéries. On corrige l'acidité du vinaigre à sushis en y ajoutant un peu de sucre (voir recette p. 81).

SAUCE SOJA

La sauce soja est populaire dans le monde entier sous un grand nombre d'appellations (dont certaines fallacieuses). Les aficionados du sushi préfèrent les sauces soja japonaises aux chinoises-; elles sont en effet plus légères et plus pâles que ces dernières. Comme assaisonnement obtenu par fermentation, la sauce soja est meilleure pour la santé que le sel, le sucre ou les assaisonnements artificiels. C'est un des ingrédients essentiels des plats japonais tels que le sushi, le tempura, le sukiyaki et les nouilles.

Une fois la bouteille de sauce ouverte, on doit la garder au réfrigérateur ou au frais, dans un lieu sombre et sec.

Pour faire la différence entre une sauce de bonne ou de mauvaise qualité, suivre les lignes directrices suivantes :

Arôme

Une sauce de qualité ne dégage jamais de mauvaise odeur à condition, bien sûr, qu'elle soit correctement conservée.

Couleur

Si on en verse quelques gouttes dans une soucoupe blanche, une sauce soja de qualité est d'une teinte rougeâtre.

Translucidité

Une sauce soja de qualité est translucide et, exactement comme un bon vin, d'une robe agréable à l'œil.

ALGUES SÉCHÉES (NORI)

Après la récolte, les algues sont séchées, rôties puis vendues en paquets de feuilles de grandeur standard (19 x 21 cm/7 ^{1}/$_2$ x 8 ^{1}/$_2$ po.). Une fois l'emballage de plastique ouvert, on doit les consommer le plus rapidement possible. Sinon elles doivent être gardées dans un contenant hermétique dans un lieu obscur et sec (de manière à leur garder leur «croquant»). Le nori est très riche en vitamines A, B12 et D.

On se sert de lanières plus ou moins larges de nori dans la préparation des nigiri-sushis et des sushis au tofu pour empêcher les garnitures de glisser sur le riz et de tomber.

Pour attacher un sushi, couper une lanière de nori d'environ 1 cm/^{1}/$_2$ po de large puis l'enrouler et la nouer autour de ce dernier.

SAKÉ

Le saké est une boisson japonaise alcoolisée (14-16 % d'alcool) incolore fabriquée à partir de riz fermenté. Le bouquet du saké est à la fois robuste et riche de notes subtiles-; le goût est d'abord sucré pour laisser ensuite une sensation de sécheresse en bouche. Avant d'être entamée, la bouteille de saké doit être gardée à l'ombre et au sec. Une fois la bouteille ouverte, on doit la garder au réfrigérateur. Très populaire au Japon, le saké est traditionnellement servi chaud ou tiède avant les sushis.

MIRIN

Le mirin est un vin de riz japonais sucré (8 % d'alcool) employé uniquement pour la cuisson. On peut à la rigueur le remplacer par du sherry sucré.

DAIKON

Le daikon est un radis blanc japonais offert frais dans les épiceries orientales. On le vend en morceaux de 15 cm/6 po à 90 cm/3 pieds de long. On peut le conserver au réfrigérateur plusieurs semaines. On le sert souvent, coupé en tranches très fines, avec les sashimis et on peut s'en servir en remplacement des algues nori. On le sert parfois finement haché avec de la sauce soja.

TOFU

Le tofu est un caillé (ou pâté) obtenu à partir de haricots de soja fermentés et vendus en blocs rectangulaires. Vendu frais dans les supermarchés, on peut le garder au réfrigérateur jusqu'à une semaine en renouvelant l'eau de trempage tous les 2 jours. On s'en sert comme substitut du riz dans les nigiri-sushis (voir recette p. 91) ou comme garniture sur le riz.

RIZ À SUSHIS

La qualité du riz est, dans la préparation des sushis, aussi importante que celle des poissons et fruits de mer utilisés. Au Japon, il faut des années de pratique pour arriver à préparer un riz à sushis parfait. En suivant la recette de la page 81, on obtiendra des résultats plus qu'acceptables.

GRAINES DE SÉSAME BLANCHES OU NOIRES

Les graines de sésame blanches sont rôties et utilisées comme assaisonnement tandis qu'on se sert des noires comme garniture.

GINGEMBRE MARINÉ (GARI OU SHOGA)

On se sert du gingembre mariné, en très petites quantités, pour se nettoyer le palais entre chaque bouchée de sushi. On peut se procurer du gingembre mariné dans les épiceries asiatiques ou alors faire la recette suivante :

225 g/8 oz de gingembre

85 ml/3 oz de vinaigre de riz

30 ml/2 c. à soupe de mirin

30 ml/2 c. à soupe de saké

25 ml/5 c. à thé de sucre

1. Brosser le gingembre sous l'eau froide puis le faire blanchir 1 minute. Égoutter et assécher le gingembre puis le couper en tranches très fines.

2. Dans une petite casserole, mélanger les autres ingrédients. Amener à ébullition et faire fondre le sucre. Laisser refroidir.

3. Mettre le gingembre dans un pot stérilisé et le couvrir de marinade. Sceller le pot et attendre au moins 3 jours avant de l'utiliser. Le gingembre peut se conserver jusqu'à 1 mois au réfrigérateur. Le gingembre rosit naturellement en vieillissant-; on peut cependant y ajouter quelques gouttes de colorant végétal rouge.

Ingrédients (suite)

WASABI

Cultivé uniquement au Japon, le wasabi est une variété de raifort dont la pulpe finement râpée, à la fois piquante et rafraîchissante, corrige l'odeur désagréable de certains poissons. Comme il est difficile et très onéreux de se procurer du wasabi frais, on se sert plutôt de wasabi en poudre qu'on délaie dans un peu d'eau pour obtenir la consistance désirée. Éviter d'acheter le wasabi vendu en tubes (trop fort et d'un goût très éloigné de l'original).

TEZU

Le tezu est tout simplement un bol où l'on a mêlé une quantité égale de vinaigre à sushis et d'eau. On s'en humecte légèrement les doigts et les paumes avant de préparer les sushis et certaines garnitures.

MAYONNAISE JAPONAISE

La mayonnaise est utilisée presque uniquement dans la fabrication des Rouleaux californiens (voir p. 98).

Au lieu de se servir d'une mayonnaise commerciale, on peut faire cette recette d'inspiration japonaise :

3 jaunes d'œufs

1 c. à café/$^1\!/_2$ c. à thé de jus de citron

250 ml/1 tasse d'huile végétale

45 ml/3 c. à soupe de miso blanc

Sel au goût

Une pincée de poivre blanc

Une pincée de zeste de yuzu*, de lime ou de citron finement râpé

* Le yuzu est une orange japonaise dont on ne se sert que du zeste. On peut aussi se servir de lime de kafir (utilisée en cuisine thaïlandaise).

1. Battre les jaunes d'œufs et le jus de citron dans un bol avec une cuiller de bois.

2. Tout en continuant de battre, incorporer l'huile en filet jusqu'à ce que l'émulsion commence à se faire. Une fois toute l'huile incorporée, ajouter le miso et les autres ingrédients.

Réfrigérer avant d'utiliser.

Préparation du riz à sushis

Le riz cuit pour la fabrication des sushis devrait être un peu plus ferme que celui utilisé dans les autres recettes. On doit toujours se servir de riz à grains courts (riz rond japonais, piedmontais ou calrose).

Il faut environ une tasse de riz cuit par rouleau de sushi. Il est toujours préférable d'en préparer plus que moins. Il existe un grand nombre de recettes de riz à sushis-; toutes donnent de bons résultats (vous en trouverez différentes versions sur les bouteilles de vinaigre de riz, les sacs de riz ou les paquets de nori achetés en magasin).

La plupart des recettes recommandent de rincer à fond le riz à l'eau courante avant de le faire cuire. Compte tenu qu'aujourd'hui les riz vendus sur le marché sont recouverts de fécule plutôt que de talc, cette opération est rarement nécessaire.

La plupart des recettes recommandent aussi de laisser s'égoutter le riz rincé à l'eau courante 30-60 minutes dans une passoire. À vous de décider.

Riz à sushis

1 L/4 tasses de riz à grains courts (japonais, piedmontais ou calrose)

1 L/4 tasses d'eau

VINAIGRE À SUSHIS :

125 ml/1/2 tasse de vinaigre de riz

60 ml/4 c. à soupe de sucre

10 ml/2 c. à thé de sel

5 ml/1 c. à thé de sauce soja

1. Rincer le riz à fond à l'eau froide courante (au besoin). Mélanger le riz et l'eau dans une casserole et laisser reposer 30 minutes. Amener à ébullition, réduire le feu à très doux et laisser mijoter 10 minutes. Fermer le feu et laisser le riz sur la cuisinière 20 minutes.

2. Préparer le vinaigre en mélangeant les ingrédients indiqués dans une casserole. Les laisser mijoter jusqu'à ce qu'ils soient dissous.

3. Étendre le riz dans une plaque de four puis l'arroser de vinaigre. Mêler délicatement au couteau. Refroidir le riz avec un éventail jusqu'à ce qu'il soit à la température ambiante.

Note : Un riz à sushis bien préparé ne se défait pas sous les doigts.

Trucs :

1. La plupart des novices ont tendance à se servir de trop de riz. Il faut toujours en utiliser moins que plus.

2. La plupart des novices ont aussi tendance à trop se mouiller les mains (de tezu). Il suffit d'humecter légèrement celles-ci.

Préparation des Nigiri-Sushis

1. Préparer le tezu (moitié eau, moitié vinaigre à sushis). S'humecter les doigts et les paumes de tezu.

3. Étaler une trace de wasabi sur le poisson.

2. Prendre une petite poignée de riz à sushis dans une main et un morceau de poisson dans l'autre. Presser le riz pour en faire un bloc. Pour faire le riz à sushis, suivre la recette de la page 81.

4. Mettre le riz sur le poisson en le pressant dessus pour y faire un petit creux.

5. Avec l'index de l'autre main, aplatir délicatement le riz.

7. Placer les doigts et les mains comme sur la photo en couvrant et pressant le riz et le poisson de tous les côtés. Répéter les étapes 5-6-7 deux fois de plus.

6. Tourner le sushi (morceau de poisson vers le haut) et à l'aide de votre pouce et de votre annulaire, presser le riz et le poisson ensemble.

8. Le premier nigiri-sushi est prêt. Commencer à préparer le deuxième.

Nigiri-Sushis aux crevettes (Ebi)

10 minces brochettes de bambou de 15 cm/5 po de long

500 ml/2 tasses d'eau

10 crevettes géantes

5 ml/1 c. à thé de sel

5 ml/1 c. à thé de vinaigre

300 g/10 ½ oz de riz à sushis

10 ml/2 c. à thé de pâte de wasabi

Tezu (250 ml/1 tasse d'eau et autant de vinaigre à sushis)

1. Enfiler chaque crevette sur une brochette pour l'empêcher de se recroqueviller durant la cuisson.

2. Mettre l'eau dans une casserole moyenne et l'amener à ébullition. Ajouter le sel et le vinaigre puis y laisser mijoter les crevettes 2-3 minutes. Retirer les crevettes du liquide puis les jeter en eau froide. Renouveler l'eau pour que les crevettes soient bien refroidies.

3. Retirer les crevettes des brochettes puis les décortiquer en en enlevant la tête et les pattes mais en en gardant la queue intacte. Pour déveiner, couper le dos de la crevette sur le sens de la longueur et en enlever la veine. Retourner la crevette et y faire une petite incision de manière à ce qu'elle s'ouvre en papillon.

4. Faire tremper les crevettes 20 minutes en eau salée. Les mettre ensuite dans le tezu et laisser tremper 20 minutes de plus.

5. Suivre la méthode indiquée aux pages 82-83.

DONNE 10 SUSHIS.

Nigiri-Sushis au saumon (Sake)

300 g/10 ¹⁄₂ oz de filets de saumon

300 g/10 ¹⁄₂ oz de riz à sushis

15 ml/1 c. à soupe de wasabi

1. Prendre une tranche mince de filet de saumon entre le pouce et l'index de votre main gauche (voir pages 82-83).

2. Prendre et presser dans la main droite 15 g/¹⁄₂ oz de riz (l'équivalent d'un peu moins qu'une balle de golf). Poser le riz sur la table.

3. Avec l'index de votre main droite, étaler une trace de wasabi au centre du saumon.

4. Mettre le riz sur le saumon.

5. Presser le riz avec le pouce gauche de manière à y faire un petit creux.

6. Presser le riz, dessus et dessous, avec l'index et le pouce de votre main droite.

7. Presser la surface du riz avec l'index droit.

8. Fermer doucement la main gauche puis y tourner le riz et le poisson.

9. Le poisson est maintenant sur le riz. Placer l'index et l'annulaire de votre main droite dessus.

10. Fermer votre main gauche puis soulever doucement le sushi.

11. Rouler délicatement le sushi avec l'index et le pouce de votre main droite.

12. Presser les deux côtés du sushi puis répéter 2-3 fois les étapes 7 à 11.

DONNE 20 SUSHIS.

Nigiri-Sushis au thon (Maguru)

300 g/10 ½ oz de filets de thon

300 g/10 ½ oz de riz à sushis

15 ml/1 c. à soupe de wasabi

Suivre la méthode indiquée aux pages 82-83.

Note : On peut trouver chez son poissonnier un grand nombre de variétés de thon. Les variétés les plus recherchées sont :

1. Le thon rouge (Maguro) est le plus recherché, surtout le thon «gras» (Toro). Sa chair est rouge et goûteuse.

2. L'albacore (en anglais «yellowfin tuna») a une chair pâle et est aussi très recherché. C'est un des poissons les plus consommés en Orient.

3. Le germon (en anglais «albacore») a une chair pâle et est très riche en protéines. Une fois cuit, il goûte un peu le poulet.

4. La bonite à dos rayé a une chair rouge foncé. En Asie, on le consomme beaucoup sous forme de flocons séchés qui se conservent indéfiniment.

DONNE 20 SUSHIS.

Nigiri-Sushis au congre (Anago)

450 ml/1 4/5 tasse d'eau

225 g/8 oz de filets de congre

45 ml/3 c. à soupe de sucre

45 ml/3 c. à soupe de sauce soja

225 g/8 oz de riz à sushis

15 ml/1 c. à soupe de wasabi

20 lanières de nori

1. Amener l'eau à ébullition, y mettre le congre et le faire blanchir 1 minute puis le mettre en eau froide.

2. Ajouter le sucre et la sauce soja au liquide de cuisson.

3. Remettre le congre dans l'eau, le faire cuire 20 minutes et retirer du feu.

4. Laisser refroidir puis suivre la méthode indiquée aux pages 82-83.

5. Entourer les sushis de lanières de nori.

DONNE 15-20 SUSHIS.

Nigiri-Sushis à l'anguille (Unagi)

125 ml/¹/₂ tasse de sauce soja

30 ml/2 c. à soupe de sucre

250 ml/1 tasse de mirin

1 anguille pré-cuite

225 g/8 oz de riz à sushis

15 ml/1 c. à soupe de wasabi

20 lanières de nori

1. Dans une casserole, mélanger la sauce soja, le sucre et le mirin. Amener à ébullition puis faire réduire le liquide de moitié.

2. Trancher finement l'anguille puis la faire griller 2 minutes en l'arrosant avec la sauce soja réduite.

3. Suivre la méthode indiquée aux pages 82-83.

4. Entourer les sushis de lanières de nori.

Note : On peut se procurer de l'anguille à sushis préparée dans certaines épiceries asiatiques et poissonneries spécialisées.

DONNE 15-20 SUSHIS.

Nigiri-Sushis au congre (Anago) et Nigiri-Sushis à l'anguille (Unagi)

Chirashi-Sushis

Garnitures suggérées :

Thon

Crevettes

Omelette fine

Seiche

Saumon

Anguille (Unagi)

Rouget-barbet de roche

Bonite à dos rayé

Avocat

Tofu

Crabe

Légumes

- Préparés dans toutes les cuisines japonaises, les chirashi-sushis sont, de tous les sushis, les plus faciles à faire. Ce plat consiste tout simplement en riz à sushis servi avec divers ingrédients, généralement au nombre de 9 (un chiffre chanceux au Japon), placés dans le riz ou sur celui-ci.

- On trouve parfois des chirashi-sushis ne contenant ni poisson ni fruit de mer. Au Japon, les «lunches de gare» vendus sur tout le réseau ferroviaire du pays ne sont parfois constitués que de chirashi-sushi. Chaque gare ou station est connue pour le contenu spécifique de même que l'emballage particulier de ces lunches très populaires au pays du Soleil Levant.

- Les variantes de chirashi-sushi sont pour ainsi dire infinies. Le riz peut être aromatisé avec des légumes hachés, des graines de sésame, du tofu, du gingembre frais ou mariné haché, du nori émietté et diverses sauces.

Sushis au tofu

300 g/10 ½ oz de tofu (en remplacement du riz à sushis)

Gingembre râpé

Échalote très finement hachée

5 ml/1 c. à thé de sauce soja

Garnitures : morceaux de poissons, de viandes ou de légumes au goût

15-20 lanières de nori

1. Couper le tofu en morceaux de 2 ½ cm x 1 cm/ 1 po x ½ po.

2. Mélanger le gingembre, l'échalote et la sauce soja.

3. Placer la garniture choisie sur le morceau de tofu et les lier avec une lanière de nori. Couvrir les sushis préparés du mélange au gingembre. Comme les sushis contiennent déjà de la sauce soja, il n'est pas nécessaire de les servir avec des bols de wasabi et de sauce soja.

DONNE 20 SUSHIS.

1. Couper une feuille de nori en deux sur le long. Mettre le côté mat de la demi-feuille vers le haut sur la natte. S'humecter légèrement les mains de tezu.

3. Avec l'index, étaler une trace de wasabi au centre du riz, d'un bord à l'autre.

2. Prendre une poignée de riz préparé puis la répartir également sur la demi-feuille, en laissant une petite marge de chaque côté.

4. Placer les lanières de thon au centre du riz, sur le wasabi. Soulever le bout de la natte de bambou placé devant soi.

5. Avec les doigts des deux mains, tenir fermement la natte et son contenu. Les rouler ensemble en s'assurant que les ingrédients sont bien pressés.

7. Retirer le rouleau de la natte et le mettre sur la planche à découper. Couper le rouleau eu deux.

6. Continuer à rouler en exerçant une pression plus forte pour que le riz soit bien serré. (Répéter l'étape précédente au besoin.)

8. Couper chacun des demi-rouleaux en 3, en les plaçant l'un contre l'autre (pour un total de 6 sushis).

Rouleaux au concombre (Kappa maki)

2 feuilles de nori (coupées en deux)

250 ml/1 tasse de riz à sushis

4 tronçons de concombre coupés en lanières de ¹/₂ x 1 x 7 ¹/₂ cm (¹/₄ x ¹/₂ x 3 po)

5 ml/1 c. à thé de wasabi

Suivre la méthode indiquée aux pages 92-93.

Note : On peut faire la même recette avec du saumon frais, du saumon fumé, des crevettes, de l'avocat, du thon et du piment hachés, de l'omelette fine ou des prunes umeboshi.

DONNE 24 ROULEAUX.

Rouleaux au thon (Tekka maki)

2 feuilles de nori (coupées en deux)

250 ml/1 tasse de riz à sushis

4 morceaux de thon, chacun coupé en lanières de ¹/₂ x 1 x 7 ¹/₂ cm (¹/₄ x ¹/₂ x 3 po)

5 ml/1 c. à thé de wasabi

Suivre la méthode indiquée aux pages 92-93.

DONNE 24 ROULEAUX.

Fabrication des rouleaux épais

1. Étendre une feuille de nori sur la natte en en mettant le côté mat vers le haut. S'humecter légèrement les mains de tezu et prendre une poignée de riz.

3. Étaler une bonne trace de wasabi au centre du riz, d'un bord à l'autre.

2. Répartir également le riz sur la feuille de nori en laissant une petite marge de chaque côté.

4. Ajouter un peu de mayonnaise japonaise.

5. Placer les garnitures désirées au centre, par-dessus le wasabi et la mayonnaise.

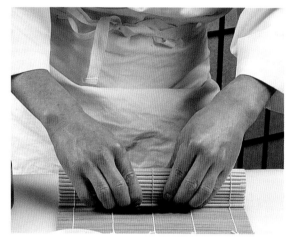

7. Soulever la natte et rouler de nouveau les ingrédients pour joindre ensemble les deux bouts de la feuille de nori tout en continuant toujours à exercer une bonne pression sur l'ensemble.

6. Commencer à rouler la natte sur les garnitures et le nori en s'arrêtant à environ 2 ½ cm/1 po du bout de la feuille de nori.

8. Couper le rouleau en 2 puis couper les demi-rouleaux en 3 en les plaçant l'un contre l'autre (pour un total de 6 sushis).

Rouleaux californiens (Ura Maki-Sushis)

4 crevettes moyennes cuites (ou Kamaboko, voir Glossaire)

4 feuilles de nori

750 ml/3 tasses de riz à sushis

15 ml/1 c. à soupe de wasabi

45 g/1 ½ oz de mayonnaise japonaise

GARNITURES :

4-8 feuilles d'une laitue au choix

1 avocat mûr, la chair tranchée

1 concombre émincé

40 ml/8 c. à thé d'œufs de poisson volant

1. Décortiquer et déveiner les crevettes et les couper en deux sur le long.

2. Suivre la méthode indiquée aux pages 96-97.

Variantes : On peut aussi se servir comme garnitures intérieures de : 1 grosse carotte coupée en lanières épaisses et blanchies-; 85 g/3 oz d'épinards blanchis en eau salée puis rincés en eau froide, égouttés et asséchés-; 85 g/3 oz de filet de saumon frais coupé en tranches épaisses comme un doigt et marinées dans du mirin.

DONNE 16 ROULEAUX.

Rouleaux bâton-de-dynamite (Thon épicé)

145 g/5 oz de filet de thon tranché

5 ml/1 c. à thé de sauce au piment brûlante (ou Kimchee coréen)

30 g/1 oz d'échalotes hachées

4 feuilles de nori

15 ml/1 c. à soupe de wasabi

750 ml/3 tasses de riz à sushis

1. Mélanger le thon, la sauce au piment et les échalotes.

2. Suivre la méthode indiquée aux pages 96-97.

DONNE 16 ROULEAUX.

Rouleaux californiens (Ura Maki-Sushis)

Fabrication des rouleaux dedans-dehors

1. Étendre une feuille de nori sur la natte et prendre une petite poignée de riz.

3. Étaler une trace de wasabi au centre de la feuille de nori.

2. Répartir également le riz sur le nori. Retourner ensuite la feuille de nori et le riz sur un linge humide.

4. Mettre tous les ingrédients au centre, d'un bord à l'autre, de la feuille de nori.

5. Commencer à rouler la natte sur le nori et les garnitures et s'arrêter à environ 2 ½ cm/1 po du bout de la feuille de nori.

7. Retirer le rouleau de la natte et le mettre dans un plat. Couvrir le rouleau d'œufs de poisson de tous les côtés en les y pressant un peu avec une cuiller.

6. Soulever la natte et rouler de nouveau les ingrédients pour joindre ensemble les deux bouts de la feuille de nori tout en exerçant toujours une bonne pression sur l'ensemble.

8. Couper le rouleau en 2 puis couper les demi-rouleaux en 3 en les plaçant l'un contre l'autre (pour un total de 6 sushis).

Rouleaux dedans-dehors (Saka maki)

GARNITURES :

200 g/7 oz de filet de saumon

1 avocat mûr

1 concombre

40 ml/8 c. à thé d'œufs de poisson volant

4 feuilles de nori

750 ml/3 tasses de riz à sushis

15 ml/1 c. à soupe de wasabi

1. Préparer les garnitures en coupant le saumon, l'avocat et le concombre en lanières.

2. Suivre la méthode indiquée aux pages 100-101.

Note : On peut aussi se servir comme garnitures de graines de sésame, de caviar rouge (œufs de saumon) ou de flocons de bonite.

DONNE 16 ROULEAUX.

Temaki-Sushis
(Makis à la main)

À l'origine, les temaki-sushis n'étaient confectionnés que pour les chefs qui, ayant sous la main tous les ingrédients requis pour les faire, n'avaient pas le temps de se préparer de «vrais» sushis. Ils sont une variante, sous forme de cônes, de sushis. On peut se servir, dans la confection de ces sushis économiques, rapides et faciles à faire, de poulet cuit ou de bœuf saignant accompagnés de sauces parfumées ou piquantes.

- Si on ne peut pas se procurer des feuilles de nori grillées, on peut les rôtir soi-même. Il s'agit tout simplement de les faire griller 30 secondes, d'un seul côté, au-dessus d'une flamme ou d'un rond de cuisinière. On peut aussi rôtir le nori dans une poêle à frire placée sur feu doux, sans huile, jusqu'à ce qu'il libère son arôme. Après la cuisson, le nori sera croquant et vert foncé.

- On peut se servir des restes de feuilles de nori hachées dans une sauce ou les grignoter tels quels.

- Quand on se sert, dans la fabrication des temaki-sushis, d'ingrédients mous ou semi-liquides, il est préférable de mettre les garnitures sur le riz.

- Au Japon, on se sert souvent de germes de daikon dans la fabrication des temaki- et maki-sushis. Ces germes ressemblent à des feuilles de moutarde ou de cresson mais en plus gros et en plus piquant. On peut se procurer ces germes dans les épiceries orientales ou en cultiver à la maison à partir de graines de radis daikon.

Les petits temaki-sushis constituent d'excellents amuse-gueule rapides et faciles à faire.

Temaki-sushis
(ingrédients de base)

10 feuilles de nori coupées en deux

500 g/1 lb de riz à sushis

Wasabi

Suivre la méthode indiquée aux pages 106-107.

GARNITURES SUGGÉRÉES :

Tranches fines de thon

Thon épicé (voir page 98)

Crevettes tempura

Poulet teriyaki

Crevettes cuites

Bâtonnets de simili-crabe (Kamaboko)

Filets d'anguille (Unagi)

Sashimi de merlan ou rouget-barbet de roche (voir p. 113)

Œufs de poisson volant ou de saumon ou corail d'oursin de mer

Omelette fine

Concombre

Avocat

Saumon fumé (ou tout autre poisson fumé)

On peut, au lieu de wasabi, se servir de mayonnaise japonaise ou de fromage à la crème.

Note : Au lieu de nori, on peut se servir, dans la fabrication des temaki-sushis, de feuilles de laitue (romaine ou iceberg). La laitue donne des rouleaux plus légers et plus rafraîchissants.

Fabrication des Temaki-Sushis

1. Prendre une feuille de nori dans une main et une poignée de riz (de la grosseur d'une balle de golf) dans l'autre.

3. Avec l'index ou une cuiller, étaler une trace de wasabi sur le riz.

2. Mettre le riz sur un côté de la feuille de riz et l'étendre sur la moitié de la feuille.

4. Ajouter les garnitures choisies en les plaçant en biais sur le riz.

5. Rabattre le coin le plus proche de la feuille de nori sur les garnitures et commencer à façonner le cône.

6. Le sushi doit avoir la forme d'un cône parfait et parfaitement bien fermé.

Coupes sashimi

Il y a cinq manières principales de couper le poisson pour les suhis et les sashimis. Il faut se servir pour cette opération d'un couteau à poisson solide et bien coupant.

1. En fines lanières (Ito sukeri)

Coupe employée pour les petits poissons mais surtout pour le calmar. Couper d'abord le calmar en tranches de $1/2$ cm/$1/4$ de po d'épais puis en lanières de $1/2$ cm/$1/4$ de po de long.

2. En cubes (Kazu giri)

Coupe très utilisée pour le thon. Couper d'abord le poisson en petits rectangles (voir 4) puis en cubes de 1 cm/$1/2$ po.

3. En tranches très fines (Usu zukuri)

Placer un morceau de filet (daurade, par exemple) sur la planche à découper et le couper en biseau en tranches le plus fines possible.

4. En petits rectangles (Hira giri)

C'est la coupe la plus populaire, utilisée surtout pour les filets. Tenir solidement la pièce de poisson et la couper à angle droit en tranches d'environ 1/2-1 cm-/ -1/4-1/2 po de long et 5 cm/2 po de large (selon la grosseur du filet).

5. En biseau (Sori giri)

La coupe idéale pour les garnitures de sushis. On prend un morceau rectangulaire de poisson (thon) puis on le coupe en triangles d'environ 1/2-1 cm/1/4-1/2 po d'épais.

Sashimi de thon (Maguru)

300 g/10 ½ oz de filet de thon à sashimis

TREMPETTE (TOSA JUYA) :

45 ml/3 c. à soupe de sauce soja

5 c. à café/2 ½ c. à thé de saké

5 c. à café/2 ½ c. à thé de flocons de bonite séchés (Katsuobushi)

1. Couper le thon en petits rectangles en suivant la méthode no 4 indiquée à la page 109.

2. Trempette : mettre la sauce soja, le saké et la bonite dans un caquelon, amener à ébullition et laisser mijoter 2 minutes en tournant constamment la sauce.

3. Passer le tout dans un tamis fin et laisser refroidir à la température ambiante. Répartir la trempette dans de petits bols et la servir avec le thon sashimi.

Note : Essayer d'acheter du filet déjà préparé (en bloc rectangulaire). Sinon, acheter un plus gros morceau de filet et le préparer vous-même en gardant les retailles pour une autre recette.

Sashimi de saumon (Sake)

300 g/10 ¹/₂ oz de saumon à sashimi ou 1 saumon entier

Radis daikon râpé

1. Si on achète un saumon entier, on doit le nettoyer et le couper en filets en suivant la méthode indiquée aux pages 5-6.

2. Enlever du poisson toute peau et toute chair foncée, meurtrie ou trop grasse.

3. Façonner les filets en blocs et suivre la méthode nº 4 indiquée à la page 109.

4. Disposer le poisson dans un plat de service et le garnir de daikon râpé.

Sashimi de bonite (Katsuo)

1 bonite entière (de 2 kg/4 ½ lb)

5 ml/1 c. à thé de gingembre râpé

1. Nettoyer, éviscérer et couper le poisson en filets en suivant la méthode indiquée aux pages 5-6.

2. Trancher le filet en petits triangles en en gardant la peau.

3. Disposer le poisson dans une assiette de service et le garnir de gingembre râpé.

Note : Il existe un grand nombre de variétés de bonite, un poisson qui se retrouve dans toutes les mers du monde. La chair du poisson est rosâtre, granuleuse et goûteuse.

La couleur est un bon indicateur de la fraîcheur d'un poisson. Une surface fraîchement coupée doit être de couleur terne.

Sashimi de merlan mariné (Kisu)

2 merlans frais entiers (de 300 g/10 oz chacun)

30 ml/2 c. à soupe de sel

250 ml/1 tasse de vinaigre de riz

1. Nettoyer, éviscérer et couper le poisson en filets en suivant la méthode indiquée aux pages 5-6.

2. Saupoudrer les filets de sel et laisser reposer 10-15 minutes. Les rincer ensuite en eau froide.

3. Mettre les filets dans un bol et les couvrir de vinaigre de riz. Laisser reposer 10 minutes.

4. Retirer les filets du vinaigre et les égoutter dans une passoire.

5. Couper les filets en cubes ou en tranches très fines, en suivant la méthode indiquée à la page 108.

Sashimi de langouste (Ise Ebi)

1 grosse langouste crue

Radis daikon râpé

1. Si on achète une langouste surgelée, il faut la laisser dégeler toute la nuit au réfrigérateur. Au moment de la préparer, en enlever la tête et la réserver pour la garniture.

2. À l'aide de ciseaux de cuisine, entailler la queue, en retirer la chair puis farcir la carapace de daikon râpé. Couper la chair de la queue en tranches très fines.

3. Disposer les tranches sur la queue farcie de daikon et servir.

Sashimi de langoustine (Tenagaebi)

8 langoustines fraîches (ou surgelées)

TREMPETTE ÉPICÉE (CHIRIZU) :

25 ml/5 c. à thé de saké

45 ml/3 c. à soupe de daikon frais, râpé

2 oignons verts (ciboules) émincés

45 ml/3 c. à soupe de sauce soja

45 ml/3 c. à soupe de jus de citron

Une pincée de sept-poivres (Hichimi togarashi)

1. Enlever les têtes des langoustines et les réserver pour la garniture.

2. Décortiquer les langoustines et ne garder que la partie inférieure de la carapace des queues.

3. Mettre la chair de langoustine dans une assiette de service et garnir celle-ci des têtes et carapaces vides des langoustines.

4. Trempette : faire chauffer le saké dans un caquelon puis le flamber. Remuer le caquelon jusqu'à ce que la flamme s'éteigne. Laisser refroidir.

5. Mélanger le saké et les autres ingrédients indiqués pour la trempette. Verser la trempette dans de petits bols et la servir avec le sashimi. Cette trempette peut être utilisée avec tous les types de sashimi.

Sashimi de seiche (Ika)

6 seiches (ou calmars)

3 feuilles de nori

1 concombre coupé en tranches de 5 x 10 cm/ 2 x 4 po

5 ml/1 c. à thé d'œufs de poisson volant

1. Nettoyer la seiche comme le calmar, tel qu'il est indiqué à la page 10.

2. Rouleaux à la seiche et au concombre : Couper la feuille de nori et la seiche en rectangles de 5 x 10 cm-/ -2 x 4 po. Faire de petites incisions longitudinales dans les rectangles de seiche tous les $1/2$ cm ($1/4$ po). Mettre les rectangles de seiche sens dessus dessous puis placer le nori par-dessus. Mettre les tranches de concombre préparées sur le nori puis garnir d'œufs de poisson volant. Rouler le tout et couper le rouleau en tranches d'1 cm/$1/2$ po de large. (Fermer les rouleaux avec des cure-dents au besoin.)

3. Rouleaux à la seiche et au nori : Couper la feuille de nori et la seiche en rectangles de grandeur égale. Inciser légèrement le nori et la seiche (en même temps) puis les rouler ensemble. Couper en tranches de 1 cm/$1/2$ po. Garnir les rouleaux obtenus de nori finement haché.

Note : La seiche est un mollusque généralement plus petit que le calmar. Elle est très recherchée en cuisine japonaise car son goût est plus fin que celui du calmar. Au moment de l'achat, choisir des seiches à la chair intacte et ferme (peu importe si le sac d'encre qu'elles contiennent s'est brisé).

brochettes
et grillades

Brochettes d'espadon et d'ananas

12 brochettes de bambou trempées 30 minutes en eau chaude

750 g/1 ³/₄ lb de darnes d'espadon coupées en gros cubes

¹/₂ ananas frais, coupé en gros cubes

1 poivron vert coupé en gros cubes

MARINADE :

45 ml/3 c. à soupe de menthe fraîche, hachée

10 ml/2 c. à thé de pâte de menthe marinée

125 ml/¹/₂ tasse de vin blanc

Le jus de 1 citron ou ¹/₂ lime

30 ml/2 c. à soupe de vinaigre de vin rouge

5 ml/1 c. à thé d'huile d'olive

Poivre noir frais moulu

1. Enfiler les cubes d'espadon, d'ananas et de poivron sur les brochettes. Mettre les brochettes dans un plat de verre peu profond.

2. Marinade : mettre les ingrédients indiqués dans un pot, fermer celui-ci et bien brasser le tout. Couvrir les brochettes de marinade et les réfrigérer 15 minutes.

3. Préchauffer le barbecue ou le gril du four. Vaporiser ou badigeonner la grille d'huile insaturée. Faire cuire les brochettes sur le barbecue ou sous le gril 3-5 minutes de chaque côté ou jusqu'à ce que le poisson commence à se défaire sous la fourchette.

DONNE 12 BROCHETTES.

Petits pâtés aux crevettes thaïlandais

1. Mettre les crevettes dans le robot de cuisine et les hacher grossièrement. Ajouter l'oignon vert, la citronnelle, les feuilles de lime, le blanc d'œuf, la sauce au poisson, le jus de lime et la sauce au piment. Mélanger les ingrédients. Mettre le mélange dans un bol et y incorporer la chapelure, la menthe et la coriandre.

2. Façonner le mélange en pâtés ronds de 5 cm/2 po de diamètre. Mettre les pâtés dans une assiette tapissée de pellicule plastique (ou enfiler 2-3 pâtés sur une tige de citronnelle). Couvrir et réfrigérer 30 minutes ou jusqu'à ce que les pâtés soient fermes.

3. Préchauffer le barbecue à feu moyen. Y faire dorer les pâtés 2-3 minutes de chaque côté. On peut aussi faire chauffer sur feu moyen une poêle à frire qui n'attache pas puis y faire frire les pâtés dans un peu d'huile. On peut aussi les faire cuire au four à 210 °C/410 °F. Si on les fait cuire au four, ne pas utiliser de brochettes.

4. Trempette : battre ensemble les ingrédients indiqués dans un bol. Servir la trempette avec les pâtés.

POUR 4 CONVIVES (comme repas léger)
OU 8 CONVIVES (comme entrée).

500 g/1 lb de crevettes crues déveinées

60 ml/¼ de tasse d'oignons verts (ciboule) hachés

5 ml/1 c. à thé de citronnelle (lemon-grass) séchée moulue

2 feuilles de lime de kafir ou de myrte citronné trempées en eau chaude 15 minutes puis finement hachées (facultatif)

1 blanc d'œuf

15 ml/1 c. à soupe de sauce au poisson (nam pla)

15 ml/1 c. à soupe de jus de lime frais

5 ml/1 c. à thé de sauce au piment douce (au goût)

125 ml/½ tasse de chapelure

30 ml/2 c. à soupe de menthe hachée

30 ml/2 c. à soupe de coriandre hachée

TREMPETTE À LA CORIANDRE :

30 ml/2 c. à soupe de coriandre hachée

1 oignon vert (ciboule) finement haché

1 gousse d'ail broyée

5 ml/1 c. à thé de cassonade ou sucre de palme

125 ml/½ tasse de vinaigre de sherry ou de riz

10 ml/2 c. à thé de sauce soja faible en sel

1 c. à café/½ c. à thé de sauce au piment (facultatif)

Crevettes marinées barbecue

**1 kg/2 ¹/₄ lb de crevettes moyennes crues,
décortiquées et déveinées, queues intactes**

MARINADE AU PIMENT ET AUX HERBES :

2 piments rouges frais, hachés

2 gousses d'ail broyées

15 ml/1 c. à soupe d'origan frais, haché

15 ml/1 c. à soupe de persil haché

125 ml/¹/₂ tasse d'huile d'olive

30 ml/2 c. à soupe de vinaigre balsamique

Poivre noir frais moulu

1. Préchauffer le barbecue à feu moyen.

2. Mettre les ingrédients indiqués pour la marinade dans un bol et bien mélanger le tout. Couvrir les crevettes de marinade, mélanger et faire mariner le tout 10 minutes.

3. Égoutter les crevettes et les faire cuire sur le barbecue légèrement huilé, 1-2 minutes de chaque côté, le temps qu'elles changent de couleur.

POUR 8 CONVIVES.

Crevettes au piment rouge et à la mangue

1 ¹/₂ kg/3 ¹/₃ lb de grosses crevettes crues, décortiquées et déveinées, queues intactes

MARINADE AU PIMENT ROUGE :

10 ml/2 c. à thé de grains de poivre noir grossièrement broyés

30 ml/2 c. à soupe de sauce au piment douce

15 ml/1 c. à soupe de sauce soja

1 gousse d'ail broyée

60 ml/¹/₄ de tasse de jus de citron

CRÈME DE MANGUE :

1 mangue, chair grossièrement hachée

45 ml/3 c. à soupe de lait de coco

1. Mettre les ingrédients indiqués pour la marinade dans un grand bol et bien mêler. Ajouter les crevettes, mêler, couvrir et réfrigérer 1 heure. Retourner le mélange plusieurs fois.

2. Dans le mélangeur ou le robot de cuisine, réduire la chair de mangue et le lait de coco en purée lisse.

3. Préchauffer le barbecue à feu moyen. Égoutter les crevettes et les faire griller sur le barbecue légèrement huilé 3-4 minutes ou jusqu'à ce qu'elles changent de couleur. Servir aussitôt avec la crème de mangue.

Note : On peut se procurer du lait de coco en conserve, en emballage de longue durée ou en poudre à laquelle on ajoute de l'eau. Une fois l'emballage ouvert, le lait doit être consommé rapidement. On peut en acheter dans les épiceries orientales et certains supermarchés. On peut aussi en faire soi-même en mettant 500 g/1 lb de noix de coco séchée dans un bol qu'on couvre ensuite de 750 ml/3 tasses d'eau bouillante. On laisse reposer 30 minutes puis on passe le liquide en pressant la pulpe pour en extraire le plus de jus possible. On peut obtenir une deuxième extraction de lait à partir du coco râpé.

POUR 6 CONVIVES.

Satays de crevettes

1 kg/2 ¼ lb de grosses crevettes crues, décortiquées et déveinées, queues intactes

8 brochettes de bambou trempées 30 minutes en eau chaude

SAUCE SATAY :

30 ml/2 c. à soupe d'huile végétale

1 oignon haché

45 ml/3 c. à soupe de cumin

250 ml/1 tasse de beurre d'arachide croquant

250 ml/1 tasse de bouillon de poulet

45 ml/3 c. à soupe de sauce soja

1. Enfiler les crevettes sur les brochettes.

2. Sauce : faire chauffer l'huile dans une casserole puis y faire revenir l'oignon et le cumin 3 minutes. Ajouter le beurre d'arachide, le bouillon et la sauce soja et faire mijoter 5 minutes ou jusqu'à ce que la sauce commence à épaissir, en la tournant souvent.

3. Badigeonner les crevettes de sauce puis les faire griller sur le barbecue 2 minutes de chaque côté ou jusqu'à ce qu'elles changent de couleur. Arroser les crevettes du reste de la sauce et servir aussitôt.

DONNE 8 BROCHETTES.

Paella aux fruits de mer

15 ml/1 c. à soupe d'huile d'olive

2 oignons hachés

2 gousses d'ail broyées

15 ml/1 c. à soupe de thym frais

10 ml/2 c. à thé de zeste de citron finement râpé

4 tomates mûres, hachées

625 ml/1 ½ tasses de riz à grains courts

Une pincée de safran trempée dans 500 ml/2 tasses d'eau

750 ml/3 tasses de bouillon de poulet ou de poisson

300 g/10 ½ oz de pois verts, surgelés ou frais

2 poivrons rouges hachés

1 kg/2 ¼ lb de moules brossées et ébarbées

500 g/1 lb de filets de poisson blanc à chair ferme, hachés

315 g/11 oz de crevettes crues, décortiquées

225 g/8 oz de pétoncles

3 tentacules de calmar tranchés

15 ml/1 c. à soupe de persil haché

1. Préchauffer le barbecue à feu moyen. Placer une grande poêle à paella ou à frire sur le barbecue et y faire chauffer l'huile. Ajouter les oignons, l'ail, le thym et le zeste et les faire revenir 3 minutes.

2. Ajouter les tomates et les faire cuire 4 minutes en les remuant. Ajouter le riz et cuire 4 minutes de plus. Incorporer le safran (et le liquide) et le bouillon et amener à ébullition. Laisser mijoter le tout, en remuant à l'occasion, 30 minutes ou jusqu'à ce que le riz ait absorbé presque tout le liquide.

3. Incorporer les pois, le poivron et les moules et faire cuire 2 minutes. Ajouter le poisson, les crevettes et les pétoncles, et cuire 2-3 minutes. Incorporer ensuite le calmar et le persil et finir la cuisson 1-2 minutes jusqu'à ce que les fruits de mer et le poisson soient cuits.

POUR 8 CONVIVES.

Paella aux fruits de mer

Morue à l'ailloli au basilic

1 gousse d'ail finement hachée

30 ml/2 c. à soupe d'huile d'olive

15 ml/1 c. à soupe de jus de citron

4 côtelettes de morue

AILLOLI AU BASILIC :

250 ml/1 tasse de feuilles de basilic

125 ml/½ tasse d'huile d'olive

1 gousse d'ail finement hachée

2 jaunes d'œufs

45 ml/3 c. à soupe de jus de citron

15 ml/1 c. à soupe d'eau

Poivre noir frais moulu

Sel au goût

1. Mélanger l'ail, l'huile et le jus de citron, et y faire mariner la morue 1 heure.

2. Ailloli : Mettre dans le robot de cuisine le basilic, 15 ml/1 c. à soupe d'huile, l'ail, les jaunes d'œufs et le jus de citron. Bien mélanger puis incorporer l'huile d'olive en filet et faire épaissir l'ailloli. (Pour allonger l'ailloli, s'il devient trop épais, ajouter un peu d'eau.)

3. Huiler la grille du barbecue ou une poêle à frire, et y faire griller la morue 3 minutes de chaque côté.

4. Servir aussitôt avec l'ailloli.

POUR 4 CONVIVES.

Sardines et poivrons rôtis

15-30 ml/1-2 c. à soupe d'huile d'olive

255 g/9 oz de filets de sardines (16 sardines)

15 ml/1 c. à soupe de jus de citron

**200 g/7 oz d'épinards miniatures, parés
(ou roquette)**

2 poivrons rouges rôtis puis pelés, chair finement tranchée

VINAIGRETTE :

55 ml/2 oz d'huile d'olive extravierge

45 ml/3 c. à soupe de jus de citron

15 ml/1 c. à soupe d'origan frais haché

Poivre noir frais moulu et sel

1. Huiler légèrement la grille du barbecue et la faire chauffer. Badigeonner les sardines d'huile puis les faire cuire 1-2 minutes de chaque côté. Arroser de jus de citron et réserver dans une assiette.

2. Mélanger les ingrédients indiqués pour la vinaigrette.

3. Disposer les épinards (ou la roquette) et les poivrons dans 4 assiettes, mettre 4 sardines dans chacune puis arroser de vinaigrette. Servir aussitôt.

POUR 4 CONVIVES.

Brochettes d'espadon à la sauce tomate

15 ml/1 c. à soupe d'huile d'olive

1 petit oignon coupé en petits dés

2 gousses d'ail broyées

800 g/28 oz de tomates en conserve, égouttées

1 c. à café/¹/₂ c. à thé de sucre

1 c. à café/¹/₂ c. à thé de sel

Poivre noir frais moulu

125 ml/¹/₂ tasse de basilic grossièrement haché

750 g/1 ²/₃ lb d'espadon

1 poivron vert épépiné

1 aubergine moyenne

8 brochettes de bambou trempées 30 minutes en eau chaude

6 brins de romarin

40 ml/1 ¹/₃ oz d'huile d'olive

15 ml/1 c. à soupe de romarin haché

Sel et poivre noir frais moulu

1 citron coupé en 4 quartiers

1. Sauce : faire chauffer l'huile dans une grande casserole puis y faire revenir l'oignon et l'ail à feu doux. Ajouter les tomates, le sucre, le sel et le poivre. Laisser mijoter 20 minutes, ajouter le basilic et garder au chaud.

2. Préchauffer le barbecue à feu moyen.

3. Couper l'espadon, le poivron et l'aubergine en gros cubes. Enfiler viande et légumes sur les brochettes en alternant avec les brins de romarin. Badigeonner d'huile d'olive, couvrir de romarin haché et assaisonner au goût.

4. Faire griller les brochettes en les tournant au moins une fois. Badigeonner d'un peu de sauce tomate durant la cuisson. L'espadon devrait être doré et les légumes légèrement carbonisés.

5. Servir avec la sauce tomate et les quartiers de citron.

POUR 4 CONVIVES.

Huîtres et moules en coquille

500 g/1 lb de moules brossées et ébarbées

24 huîtres dans leur coquille

55 g/2 oz de beurre ramolli

15 ml/1 c. à soupe de persil haché

30 ml/2 c. à soupe de jus de citron

15 ml/1 c. à soupe de jus d'orange

15 ml/1 c. à soupe de vin blanc

1. Préchauffer le barbecue à feu vif. Mettre les moules et les huîtres sur le barbecue et les cuire 3-5 minutes jusqu'à ce que les moules s'ouvrent et que les huîtres soient chaudes. Jeter les moules non ouvertes après 5 minutes de cuisson.

2. Mettre les autres ingrédients dans une casserole à fond épais, placer celle-ci sur le barbecue et amener la sauce à ébullition. Disposer les huîtres et les moules dans une grande assiette de service, les couvrir de sauce et servir aussitôt.

Note : Si elles sont correctement manipulées, les moules peuvent vivre jusqu'à 7 jours hors de l'eau. Pour les conserver vivantes, les mettre dans un seau, les couvrir d'un linge humide puis de glace. Garder le seau au frais en jetant la glace fondue à mesure pour la remplacer par de la glace fraîche. Il faut à tout prix éviter de laisser tremper les moules dans l'eau.

POUR 6 CONVIVES.

Darnes de saumon en sauce à l'ananas

4 darnes de saumon de 2 ½ cm/1 po d'épais

SAUCE À L'ANANAS :

255g/9 oz d'ananas frais ou en conserve, grossièrement haché

2 oignons verts (ciboules) finement hachés

1 piment rouge épépiné et finement haché

15 ml/1 c. à soupe de jus de citron

30 ml/2 c. à soupe de menthe finement hachée

1 citron coupé en 4 quartiers

Asperges cuites à la vapeur

1. Préchauffer le barbecue à feu moyen. Vaporiser la grille d'huile puis y faire cuire les darnes 3-5 minutes de chaque côté ou jusqu'à ce que la chair du poisson se défasse sous la fourchette.

2. Sauce : mettre l'ananas, les oignons verts, le piment, le jus de citron et la menthe dans le robot de cuisine ou le mélangeur. Bien mélanger. Servir le tout à la température ambiante avec les quartiers de citron et les asperges.

Note : Cette sauce est aussi délicieuse servie avec n'importe quel poisson ou du poulet barbecue.

POUR 4 CONVIVES.

Truite fumée maison

250 ml/1 tasse de flocons de fumée

125 ml/¹/₂ tasse de vin blanc sec

4 petites truites arc-en-ciel nettoyées, têtes et queues intactes

15 ml/1 c. à soupe d'huile végétale

3 oignons rouges émincés

1 citron émincé

8 brins d'aneth frais

1. Mettre les flocons de fumée et le vin dans un plat dont le métal ne réagit pas aux aliments (acier inoxydable) et laisser reposer 1 heure.

2. Préchauffer le barbecue couvert à feu doux. Mettre le plat de métal sur les briquettes chauffantes. Fermer le barbecue et faire chauffer 5-10 minutes jusqu'à ce que le vin soit chaud.

3. Mettre les truites sur une grille installée dans un plat à rôtir. Badigeonner les poissons d'huile puis les couvrir d'oignon, de citron et d'aneth. Mettre le plat à rôtir sur le gril du barbecue, fermer ce dernier et faire fumer les truites 15-20 minutes ou jusqu'à ce que leur chair se défasse sous la fourchette.

POUR 4 CONVIVES.

Brochettes de saumon

**500 g/1 lb de filets de saumon coupés en cubes de
2 ¹/₂ cm/1 po**

255 g/9 oz de pois mange-tout parés

15 ml/1 c. à soupe de moutarde granuleuse (Meaux)

10 ml/2 c. à thé de thym (ou thym citronné) haché

1 c. à café/¹/₂ c. à thé de cumin moulu

30 ml/2 c. à soupe de jus de citron

10 ml/2 c. à thé de miel

1. Préchauffer le barbecue à feu moyen. Enfiler
le saumon et les pois sur des brochettes de métal
légèrement huilées.

2. Mélanger les autres ingrédients dans un bol.
Badigeonner les brochettes de sauce et les faire cuire
sur la grille légèrement huilée, 2-3 minutes de chaque
côté.

POUR 4 CONVIVES.

Darnes de thon à la louisianaise

4 darnes de thon épaisses

30 ml/2 c. à soupe d'huile d'olive

Quartiers de citron

ASSAISONNEMENT CAJUN :

30 ml/2 c. à soupe de paprika doux

15 ml/1 c. à soupe de poudre d'ail

15 ml/1 c. à soupe de poudre d'oignon

10 ml/2 c. à thé de grains de poivre noir broyés

10 ml/2 c. à thé de fines herbes séchées

5 ml/1 c. à thé de piment de Cayenne

SAUCE TOMATE PIQUANTE AU FENOUIL :

4 tomates italiennes hachées

1 bulbe de fenouil finement haché

1 oignon rouge finement haché

30 ml/2 c. à soupe de câpres

15 ml/1 c. à soupe de menthe hachée

1 gousse d'ail broyée

15 ml/1 c. à soupe de jus de citron

15 ml/1 c. à soupe de jus d'orange

1. Préchauffer le barbecue à feu vif. Préparer la sauce en mélangeant les ingrédients indiqués dans un grand bol. Réserver.

2. Assaisonnement : mélanger les ingrédients indiqués. Enrober les darnes d'assaisonnement.

3. Faire chauffer l'huile sur la grille du barbecue 2-3 minutes. Y faire rôtir un peu le poisson, 3-4 minutes de chaque côté ou jusqu'à ce qu'il soit légèrement carbonisé. Servir aussitôt avec la sauce et les quartiers de citron.

Note : On peut cuire l'espadon ou le saumon de la même manière. Vu son goût, la poudre d'ail doit toujours être utilisée avec modération.

POUR 4 CONVIVES.

Crevettes géantes barbecue au sésame

1 kg/2 ¼ lb de crevettes géantes moyennes-grosses (36 environ)

55 ml/2 oz d'huile d'olive

55 ml/2 oz de vin rouge

4 échalotes finement hachées

5 ml/1 c. à thé de zeste de citron râpé

1 c. à café/½ c. à thé de poivre noir broyé

12 brochettes de bambou trempées 30 minutes en eau chaude

115 g/4 oz de graines de sésame rôties

1. Éplucher et déveiner les crevettes en en laissant les queues intactes.

2. Bien mélanger l'huile, le vin, le zeste et le poivre.

3. Enfiler les crevettes sur les brochettes. Mettre les brochettes dans un grand plat peu profond, les couvrir de marinade et laisser mariner au moins 1 heure.

4. Rouler les brochettes dans les graines de sésame en les y pressant. Réfrigérer 30 minutes.

5. Faire cuire les brochettes sur la grille du barbecue 2 minutes de chaque côté. Badigeonner les brochettes de marinade durant la cuisson.

POUR 6 À 8 CONVIVES.

Crevettes barbecue à la vietnamienne

500 g/1 lb de grosses crevettes

200 g/7 oz de petits vermicelles de riz

10 ml/2 c. à thé d'huile d'olive

6 oignons verts (ciboules) hachés

125 ml/¹/₂ tasse d'arachides rôties

¹/₂ botte de coriandre hachée

SAUCE NUOC CHAM :

2 gousses d'ail pelées

2 piments rouges séchés

25 ml/5 c. à thé de sucre

Le jus et la pulpe de 1 ¹/₂ lime

60 ml/4 c. à soupe de sauce au poisson (nam pla)

75 ml/5 c. à soupe d'eau

1. Sauce : broyer l'ail, le piment et le sucre au mortier. Ajouter le jus et la pulpe de lime puis le nam pla et l'eau. Bien mélanger le tout.

2. Fendre les crevettes sur le long, les déveiner, laver puis assécher. Faire cuire les crevettes sur le barbecue 5 minutes, en les tournant 1 fois.

3. Jeter les vermicelles dans l'eau bouillante puis les faire cuire 2 minutes. Égoutter et rincer sous l'eau froide courante.

4. Dans un wok ou une poêle à frire, faire chauffer l'huile puis y faire sauter les oignons verts jusqu'à ce qu'ils soient tendres. Disposer les vermicelles dans 4 assiettes chaudes, les couvrir de crevettes puis garnir d'oignons verts et d'arachides. Napper de sauce et garnir de coriandre.

POUR 4 CONVIVES.

Darnes d'espadon
à la coriandre

115 g/4 oz de beurre non salé

30 ml/2 c. à soupe de coriandre finement hachée

15 ml/1 c. à soupe de parmesan râpé

4 darnes d'espadon

15 ml/1 c. à soupe d'huile d'olive

4 courgettes coupées en longues tranches

1 poivron rouge coupé en quartiers

1. Mettre le beurre en crème et y incorporer la coriandre et le parmesan. Réserver.

2. Préchauffer la grille du barbecue et la huiler légèrement. Badigeonner les darnes d'huile et les faire griller 3-4 minutes de chaque côté (selon la grosseur). Badigeonner les légumes d'huile et les faire rôtir quelques minutes de chaque côté.

3. Retirer les darnes et les légumes de la grille et les disposer dans des assiettes chaudes. Couvrir chaque darne d'une généreuse portion de beurre préparé et servir aussitôt.

POUR 4 CONVIVES.

Brochettes de pétoncles et de crevettes

225 g/8 oz de petits oignons blancs

6 tranches de bacon

500 g/1 lb de crevettes, décortiquées et déveinées, queues intactes

400 g/14 oz de pétoncles

12 brochettes de bambou trempées 30 minutes en eau chaude

30 ml/2 c. à soupe d'huile d'olive

55 g/2 oz de beurre

30 ml/2 c. à soupe d'aneth frais, haché

30 ml/2 c. à soupe de persil haché

2 oignons verts (ciboules) finement hachés

2 gousses d'ail broyées

Poivre noir frais moulu

30 ml/2 c. à soupe de jus de citron

10 ml/2 c. à thé de zeste de citron râpé

1. Faire bouillir les oignons jusqu'à ce qu'ils soient tendres puis les égoutter et les rincer sous l'eau froide. Couper chaque tranche de bacon en trois et rouler les segments sur eux-mêmes.

2. Enfiler les crevettes, les pétoncles et le bacon sur les brochettes en mettant un petit oignon à chaque bout.

3. Dans un grand bol à fond plat, mélanger l'huile, le beurre, l'aneth, le persil, les oignons verts, l'ail, le poivre, le jus et le zeste de citron. Mettre les brochettes dans ce mélange et laisser mariner 1 heure au moins.

4. Retirer les brochettes de la marinade et les faire griller sur le barbecue préchauffé jusqu'à ce qu'elles soient tendres, en les badigeonnant souvent de marinade. Servir très chaud.

POUR 6 CONVIVES.

Brochettes de crevettes au gingembre

500 g/1 lb de crevettes vertes

MARINADE :

1 petit oignon finement haché

2 gousses d'ail broyées

5 ml/1 c. à thé de gingembre frais haché

55 ml/2 oz de sherry sec

55 ml/2 oz d'huile d'olive

Sel et poivre noir frais moulu

12 brochettes de bambou trempées 30 minutes en eau chaude

1. Laver les crevettes sans les décortiquer.

2. Mélanger les ingrédients indiqués pour la marinade, en couvrir les crevettes et laisser mariner 1-2 heures au réfrigérateur.

3. Enfiler les crevettes sur les brochettes et les faire griller 10 minutes sur le barbecue ou sous le gril en les retournant plusieurs fois. Servir aussitôt.

POUR 4 CONVIVES.

Crevettes barbecue au piment et aux agrumes

1 kg/2 ¼ lb de crevettes moyennes entières crues

255 g/9 oz de papaye hachée

30 ml/2 c. à soupe de menthe fraîche, hachée

Quartiers de lime

Piments tranchés

MARINADE À L'ORANGE :

30 ml/2 c. à soupe de poudre de piment doux

30 ml/2 c. à soupe d'origan frais haché

2 gousses d'ail broyées

10 ml/2 c. à thé de zeste d'orange râpé

10 ml/2 c. à thé de zeste de citron râpé

60 ml/¼ de tasse de jus d'orange

60 ml/¼ de tasse de jus de lime

1. Préparer la marinade en mélangeant les ingrédients indiqués. Couvrir les crevettes de marinade et laisser macérer 1 heure au réfrigérateur.

2. Égoutter les crevettes puis les faire griller sur le gril à charbon de bois ou sur la grille préchauffée du barbecue, 1 minute de chaque côté ou jusqu'à ce qu'elles changent de couleur.

3. Mettre la papaye et la menthe dans un bol et bien mélanger. Disposer les crevettes dans les assiettes, les couvrir de papaye et servir avec les quartiers de lime et les piments tranchés.

POUR 4 CONVIVES.

Crevettes barbecue au piment et aux agrumes

Crevettes géantes au miel et au piment

500 g/1 lb de crevettes géantes

60 ml/¼ de tasse de vin rouge

125 ml/½ tasse de miel

½ c. à café/¼ de c. à thé de piment moulu

5 ml/1 c. à thé de moutarde sèche

Brochettes de bambou trempées 30 minutes en eau chaude

1. Marinade : mélanger tous les ingrédients, sauf les crevettes.

2. Éplucher les crevettes et les déveiner en en gardant les queues intactes. Les mettre dans un bol et couvrir de marinade. Couvrir et mettre 1 heure au réfrigérateur. Enfiler les crevettes sur les brochettes.

3. Préchauffer le barbecue à feu moyen-vif. Mettre une feuille de papier d'aluminium sur la grille et y disposer les crevettes. Faire cuire les crevettes 4-5 minutes de chaque côté-; elles seront roses une fois cuites. Badigeonner de marinade durant la cuisson et servir aussitôt.

POUR 3 OU 4 CONVIVES.

Crevettes teriyaki

1 kg/2 ¼ lb de crevettes vertes fraîches entières

Brochettes de bambou trempées 30 minutes en eau chaude

MARINADE TERIYAKI :

125 ml/½ tasse de sauce soja

30 ml/2 c. à soupe de cassonade

1 c. à café/½ c. à thé de gingembre moulu

30 ml/2 c. à soupe de vinaigre blanc

1 gousse d'ail broyée

30 ml/2 c. à soupe de sauce tomate

1. Marinade : mélanger les ingrédients indiqués et laisser s'amalgamer les saveurs 1 heure.

2. Éplucher les crevettes en en gardant les queues intactes. Les mettre dans un grand plat peu profond et couvrir de marinade. Couvrir et mettre 1-2 heures au réfrigérateur. Enfiler les crevettes sur les brochettes-; s'il s'agit de petites crevettes en mettre 2-3 par brochette.

3. Faire chauffer le barbecue et mettre une feuille de papier d'aluminium sur le gril. Mettre les brochettes sur la grille et les faire rosir des deux côtés en les badigeonnant de marinade. Éviter de trop les cuire, ce qui les ferait durcir.

POUR 4 CONVIVES.

Brochettes de poisson à la sauce tomate

750 g/1 ²/₃ lb de poisson blanc coupé en cubes

6 brochettes légèrement huilées

60 ml/¹/₄ de tasse de jus de lime

Poivre noir frais moulu

6 tortillas au maïs ou au blé, réchauffées

30 ml/2 c. à soupe de coriandre hachée

Quartiers de lime

SAUCE TOMATE AUX OLIVES ET AUX CÂPRES :

15 ml/1 c. à soupe d'huile d'olive

1 oignon finement haché

1 gousse d'ail broyée

4 tomates mûres hachées

85 g/3 oz d'olives vertes

2 piments jalapeños hachés

30 ml/2 c. à soupe de câpres égouttées

30 ml/2 c. à soupe de persil plat haché

Poivre noir au goût

1. Enfiler le poisson sur 6 brochettes légèrement huilées, badigeonner de jus de lime et poivrer au goût. Réserver.

2. Sauce : faire chauffer l'huile dans une poêle à frire placée sur feu moyen. Y faire revenir l'oignon et l'ail 2 minutes. Ajouter les tomates, les olives, les piments, les câpres et le persil, et faire cuire en remuant 5 minutes. Poivrer au goût.

3. Faire cuire les brochettes sur un barbecue préchauffé ou sous le gril 1 minute de chaque côté. Mettre les brochettes dans les tortillas, napper de sauce, garnir de coriandre et servir avec les quartiers de lime.

POUR 6 CONVIVES.

Queues de langouste à l'ail et salade exotique

6 queues de langouste crues

85 g/3 oz de beurre ramolli

10 ml/2 c. à thé d'ail broyé

30 ml/2 c. à soupe de marinade au miel et au citron (voir ci-bas)

SALADE EXOTIQUE :

1 avocat coupé en cubes de 1/2 cm/1/4 de po

2 concombres libanais coupés en dés

1/2 melon à chair ferme pelé, et coupé en dés

80 ml/1/3 de tasse de marinade au miel et au citron

MARINADE AU MIEL ET AU CITRON :

125 ml/1/2 tasse d'huile d'olive

30 ml/2 c. à soupe de jus de citron

15 ml/1 c. à soupe de miel

15 ml/1 c. à soupe d'ail broyé

2 feuilles de laurier écrasées

1. Préparer la marinade en mélangeant les ingrédients indiqués dans un bol.

2. À l'aide de ciseaux de cuisine, couper chaque côté de la face intérieure des queues puis en retirer la chair. Enfiler les queues entières sur les brochettes de manière à ce qu'elles restent droites durant la cuisson. Mettre le beurre en crème, y incorporer l'ail puis la marinade et l'étendre sur les queues (en réservant un peu de beurre).

3. Préparer la salade avant de faire cuire les langoustes. Mélanger l'avocat, le concombre et le melon. Couvrir la salade de marinade et réfrigérer.

4. Faire chauffer le barbecue à feu moyen-vif et huiler le gril. Y mettre les langoustes (carapaces à l'envers) et les faire cuire jusqu'à ce qu'elles rougissent. Tourner les langoustes, les couvrir du reste du beurre et faire cuire 5-8 minutes ou jusqu'à ce que la chair blanchisse. Retourner les langoustes et les faire cuire 2 minutes de plus. Retirer les brochettes des langoustes et placer celles-ci dans des assiettes chaudes. Garnir du reste du beurre et servir aussitôt avec la salade.

POUR 4 À 6 CONVIVES.

Brochettes de crevettes et de bacon

15 ml/1 c. à soupe de moutarde de Dijon

1 gousse d'ail broyée

1/2 poivron rouge finement haché

15 ml/1 c. à soupe d'aneth finement haché

30 ml/2 c. à soupe d'huile d'olive

30 ml/2 c. à soupe de jus de citron

Poivre noir frais moulu

12 grosses crevettes cuites, décortiquées, queues intactes

4 tranches de bacon coupées en 12 bandes de 7 1/2 cm/3 po de long

Brochettes de bambou trempées 30 minutes en eau chaude

1. Bien mélanger dans un grand bol la moutarde, l'ail, le poivron, l'aneth, l'huile, le jus de citron et le poivre. Y mélanger les crevettes et laisser mariner 30 minutes.

2. Préchauffer le barbecue à feu vif. Égoutter les crevettes en réservant la marinade. Enrouler chacune des crevettes de bacon et les enfiler à mesure sur les brochettes. Badigeonner les crevettes de marinade et les faire cuire sur la grille légèrement huilée 2-3 minutes, en les retournant à quelques reprises, jusqu'à ce que le bacon soit croquant.

DONNE 4 BROCHETTES.

Brochettes de crevettes et d'avocat

2 avocats coupés en cubes

45 ml/3 c. à soupe de jus de citron

20 grosses crevettes cuites, décortiquées

10 tomates cerises coupées en deux

10 brochettes de bambou légèrement huilées

TREMPETTE À LA TOMATE :

125 ml/1/2 tasse de crème sure (aigre)

125 ml/1/2 tasse de mayonnaise

30 ml/2 c. à soupe de sauce tomate

10 ml/2 c. à thé de sauce Worcestershire

1. Mettre l'avocat dans un bol, le couvrir de jus de citron et bien mêler. Enfiler en les alternant 2 crevettes, 2 cubes d'avocat et 2 moitiés de tomate sur chaque brochette.

2. Trempette : bien mélanger les ingrédients indiqués. Servir les brochettes avec la trempette.

DONNE 10 BROCHETTES.

Saveurs
exotiques

Crevettes papillons au sésame et à la noix de coco

12 crevettes géantes crues, décortiquées, queues intactes

Sel et poivre au goût

Farine (pour saupoudrage)

1 œuf battu

250 ml/1 tasse de graines de sésame

250 ml/1 tasse de noix de coco râpée

SAUCE PIQUANTE À LA MANGUE :

1 mangue, la chair coupée en petits dés

½ petit oignon rouge, coupé en petits dés

30 ml/2 c. à soupe de coriandre hachée

Le jus de 1 lime

Sel et poivre au goût

30 ml/2 c. à soupe de beurre ou d'huile d'olive

Feuilles de laitue au choix

1. Préparer les crevettes papillons (voir p. 194) puis les saler, poivrer et saupoudrer de farine. Les tremper dans l'œuf battu, égoutter puis rouler dans les graines de sésame et la noix de coco mélangées. Réserver.

2. Sauce piquante : mélanger la mangue, l'oignon, la coriandre et le jus de lime. Assaisonner au goût.

3. Dans une poêle à frire, faire chauffer le beurre ou l'huile à feu vif puis y faire dorer les crevettes 1-2 minutes de chaque côté.

4. Disposer quelques feuilles de salade dans chaque assiette, placer 3 crevettes dans chacune puis garnir d'une bonne cuillerée de sauce.

POUR 4 CONVIVES.

Coquilles de fruits de mer à la citronnelle

5 échalotes hachées

4 tiges de citronnelle (lemon-grass) meurtries et coupées en morceaux de 3 cm/1 ¹/₂ po de long (ou 10 ml/2 c. à thé de citronnelle séchée, réhydratée en eau chaude)

3 gousses d'ail hachées

1 morceau de gingembre de 5 cm/2 po de long, grossièrement râpé

3 piments rouges frais, épépinés et hachés

8 feuilles de lime de kafir déchirées

750 g/1 ²/₃ lb de moules brossées et ébarbées

60 ml/¹/₄ de tasse d'eau

12 pétoncles nettoyés (avec les coquilles)

15 ml/1 c. à soupe de jus de lime

15 ml/1 c. à soupe de sauce au poisson (nam pla)

45 ml/3 c. à soupe de feuilles de basilic frais

1. Dans un petit bol, bien mélanger les échalotes, la citronnelle, l'ail, le gingembre, les piments et les feuilles de lime.

2. Mettre les moules dans un wok, les couvrir de la moitié du mélange préparé. Verser l'eau, couvrir et cuire à feu vif 5 minutes.

3. Ajouter les pétoncles, le reste du mélange au gingembre, le jus de lime, la sauce au poisson et le basilic. Mélanger, couvrir et cuire 4-5 minutes ou jusqu'à ce que les moules et les pétoncles soient cuits. Jeter les moules non ouvertes au bout de 5 minutes. Servir aussitôt.

POUR 4 CONVIVES.

Burgers de poisson à la thaïlandaise

500 g/1 lb de filets de poisson blanc désossés

30-45 ml/2-3 c. à soupe de pâte de curry rouge

85 g/3 oz de haricots verts émincés

4 feuilles de lime de kafir finement hachées

8 feuilles de basilic thaïlandais finement hachées

15 ml/1 c. à soupe d'huile de soja

4 petits pains de blé entier, coupés en deux à l'horizontale

85 g/3 oz de cresson lavé

1 concombre libanais, émincé

1 carotte émincée

VINAIGRETTE :

15 ml/1 c. à soupe de sauce au piment douce

15 ml/1 c. à soupe de jus de lime

125 ml/1/2 tasse de yogourt (yaourt) nature faible en gras

1. Mettre le poisson grossièrement haché et la pâte de curry dans le robot de cuisine et les réduire en purée lisse. Mettre la pâte dans un bol et y incorporer les haricots, les feuilles de lime et le basilic et bien mélanger. Façonner le mélange en 4 galettes.

2. Dans une poêle à frire qui n'attache pas, faire chauffer l'huile puis y faire cuire les burgers à feu moyen 15 minutes, en les tournant une fois.

3. Faire rôtir les pains et mettre le cresson, le concombre et la carotte sur la partie inférieure. Garnir chaque pain d'un burger.

4. Préparer la vinaigrette en battant ensemble les ingrédients indiqués.

5. Arroser les burgers de vinaigrette et les couvrir avec la partie supérieure des pains.

POUR 4 CONVIVES.

Moules au Laksa

45 ml/1 ¹/₂ oz d'huile végétale ou d'arachide

1 oignon finement haché

3 gousses d'ail hachées

15 ml/1 c. à soupe de pâte Laksa

400 ml/1 ³/₅ tasse de bouillon de poulet

1 tige de citronnelle (lemon-grass) hachée

500 g/1 lb de moules nettoyées

250 ml/1 tasse de crème de coco

145 g/5 oz de nouilles de riz

1 feuille de lime de kafir finement hachée

1. Dans une grande casserole placée sur feu moyen, mettre l'huile, l'oignon, l'ail et la pâte Laksa et faire revenir 3-5 minutes.

2. Ajouter le bouillon, la citronnelle et les moules, et faire cuire jusqu'à ce que ces dernières commencent à s'ouvrir.

3. Ajouter la crème de coco, les nouilles et la feuille de lime. Cuire 4 minutes de plus. Jeter les moules non ouvertes.

POUR 4 CONVIVES.

Salade de calmars barbecue

15 ml/1 c. à soupe d'huile de piment

15 ml/1 c. à soupe de zeste de citron finement râpé

10 ml/2 c. à thé de grains de poivre noir grossièrement broyés

500 g/1 lb de capuchons de petits calmars nettoyés

30 g/1 oz de basilic frais

30 g/1 oz de menthe fraîche

30 g/1 oz de coriandre fraîche

VINAIGRETTE AU CITRON ET AU PIMENT :

1 piment vert frais haché

30 ml/2 c. à soupe de cassonade

45 ml/3 c. à soupe de jus de citron

30 ml/2 c. à soupe de sauce soja légère

1. Mélanger l'huile de piment, le zeste et le poivre dans un grand plat peu profond. Y mettre le calmar et faire mariner 30 minutes.

2. Tapisser une grande assiette de service de feuilles de basilic, de menthe et de coriandre. Couvrir l'assiette et la réfrigérer jusqu'au moment de servir.

3. Vinaigrette : bien mélanger les ingrédients indiqués.

4. Préchauffer le barbecue, la rôtissoire ou la poêle à frire et y faire cuire le calmar 30 secondes de chaque côté. Éviter de trop le cuire, ce qui le fait durcir. Disposer le calmar dans l'assiette de service et arroser de vinaigrette.

POUR 4 CONVIVES.

Rouleaux au poisson et vinaigrette à la tomate

4 filets de poisson blanc désossés et sans peau

30 ml/2 c. à soupe d'huile de pépins de raisin

2 gousses d'ail broyées

6 oignons verts (ciboules) hachés

250 ml/1 tasse de panure de pain de blé entier

1 petit bouquet de feuilles de basilic hachées

1 petite botte de persil plat haché

5 ml/1 c. à thé de zeste de citron

30 ml/2 c. à soupe de jus de citron

250 ml/1 tasse de jus de tomate

30 ml/2 c. à soupe de vinaigre de vin blanc

15 ml/1 c. à soupe de cassonade

1. Couper les filets en deux sur le long en suivant le sillon central.

2. Dans une grande poêle à frire qui n'attache pas, faire chauffer 15 ml/1 c. à soupe d'huile puis y faire revenir l'ail et les oignons verts à feu moyen 3 minutes. Les mettre ensuite dans le robot de cuisine avec la panure, la moitié du basilic et du persil, et le zeste et le jus de citron. Mélanger.

3. Diviser la farce en 8 parties égales et la façonner en rondines. Mettre un rondin sur une extrémité de chacune des lanières de poisson puis rouler ces dernières et les fermer avec un cure-dent ou un bout de ficelle. Couvrir les rouleaux farcis et les réfrigérer 30 minutes.

4. Hacher finement le reste du basilic et du persil et les mettre dans une casserole avec le jus de tomate, le vinaigre et la cassonade. Laisser mijoter jusqu'à ce que le mélange soit bien chaud.

5. Mettre les rouleaux dans une étuveuse de bambou tapissée de papier d'aluminium. Placer le panier dans un wok d'eau bouillante en s'assurant que sa base ne touche pas à l'eau. Couvrir et cuire 10 minutes ou jusqu'à ce que le poisson soit cuit et que la farce soit bien chaude.

6. Servir les rouleaux arrosés de vinaigrette à la tomate avec une salade verte croquante.

POUR 4 CONVIVES.

Ravioli aux crevettes et au gingembre

600 g/21 oz de crevettes vertes, décortiquées et déveinées

1 gousse d'ail hachée

15 ml/1 c. à soupe de gingembre frais, râpé

2 oignons verts (ciboules) émincés

200 g/7 oz de feuilles de pâte à won tons

Brins de coriandre fraîche

Un peu d'eau

VINAIGRETTE :

1 petit piment rouge, émincé

30 ml/2 c. à soupe de sauce au poisson (nam pla)

10 ml/2 c. à thé de sucre de palme râpé

10 ml/2 c. à thé de jus de lime

15 ml/1 c. à soupe d'huile d'arachide

1. Hacher finement les crevettes et les mélanger dans un bol avec l'ail, le gingembre et les oignons verts.

2. Placer une cuiller à thé comble de farce au centre d'une feuille de pâte, mouiller les bords de la pâte et couvrir d'une autre feuille de pâte. Sceller les deux feuilles de pâte ensemble avec une fourchette mouillée. Répéter l'opération le nombre de fois requis.

3. Faire cuire les ravioli, quelques-uns à la fois, 5 minutes, dans une grande casserole remplie d'eau bouillante. Égoutter les ravioli à fond et les mettre dans des assiettes.

4. Préparer la vinaigrette en mettant le piment, la sauce au poisson, le sucre de palme, le jus de lime et l'huile d'arachide dans un pot. Fermer le pot et bien brasser.

5. Arroser les ravioli de vinaigrette et les servir garnis de brins de coriandre.

POUR 4 CONVIVES.

Crêpe vietnamienne

CRÊPE :

250 g/8 ³/4 oz de farine de riz

5 ml/1 c. à thé de sel

3 c. à café/1 ¹/2 c. à thé de sucre

250 ml/1 tasse de lait de coco en conserve

250 ml/1 tasse d'eau

1 c. à café rase/¹/3 de c. à thé de curcuma

200 g/7 oz de crevettes géantes, décortiquées

200 g/7 oz de germes de soja

100 g/3 ¹/2 oz de filet de porc ou de poulet

Huile d'arachide pour la friture

1 oignon émincé

VINAIGRETTE :

3 c. à thé/15 ml de sauce au poisson

5 c. à thé/25 ml de sucre

30 ml/2 c. à soupe d'eau

1 petit piment rouge, finement haché

1 gousse d'ail finement hachée

Feuilles de menthe vietnamienne

Feuilles de laitue iceberg

1. Pour faire la crêpe, préparer la pâte en mélangeant et battant bien la farine, le sel, le sucre, le lait de coco, l'eau et le curcuma.

2. Laver et assécher les crevettes et les hacher grossièrement. Laver les germes de soja et les réserver. Couper le filet de porc (ou de poulet) en dés.

3. Faire chauffer une grande poêle à frire et y mettre un peu d'huile. Y faire sauter et cuire le porc, l'oignon et les crevettes en remuant constamment.

4. Couvrir le mélange de pâte préparée puis de germes de soja et couvrir. Faire dorer la crêpe, 2 minutes de chaque côté.

5. Préparer la vinaigrette en mélangeant les ingrédients indiqués. Au moment de servir, couper la crêpe en 6 portions, mettre une feuille de menthe sur chacune. Mettre une feuille de laitue dans chaque assiette, y mettre un morceau de crêpe et arroser de vinaigrette. Servir aussitôt.

Variante : Pour faire une crêpe végétarienne, remplacer le porc ou le poulet par 1 carotte moyenne et ¹/2 poivron rouge moyen, coupés en julienne.

POUR 6 CONVIVES.

Poisson en feuilles de maïs au four

16-24 feuilles de maïs séchées

4 filets de poisson blanc à chair ferme

45 ml/3 c. à soupe de coriandre

1 avocat tranché

Piments jalapeños marinés

Tortillas de maïs ou de farine, réchauffées

PÂTE AU PIMENT ET À LA LIME :

3 gousses d'ail hachées

2 piments verts doux, hachés

30 ml/2 c. à soupe d'origan frais

30 ml/2 c. à soupe de poudre de piment douce

10 ml/2 c. à thé de zeste de lime râpé

5 ml/1 c. à thé de cumin moulu

60 ml/¼ de tasse de jus de lime

1. Mettre les feuilles de maïs dans un grand bol, les couvrir d'eau bouillante et laisser tremper 30 minutes.

2. Pâte : mettre les ingrédients indiqués dans le mélangeur ou le robot de cuisine et réduire en purée lisse.

3. Couper chaque filet de poisson en deux puis badigeonner chaque côté de pâte.

4. Mettre 2-3 feuilles de maïs l'une dans l'autre, mettre un morceau de poisson dedans puis le couvrir avec d'autres feuilles de maïs. Attacher les feuilles ensemble. Placer les feuilles préparées sur une plaque de four et faire cuire 10-12 minutes ou jusqu'à ce que la chair du poisson se défasse sous la fourchette.

5. Au moment de servir, ouvrir les feuilles, garnir de coriandre et servir avec l'avocat, les piments et les tortillas.

POUR 4 CONVIVES.

Curry de crevettes et d'ananas

500 g/1 kg de crevettes géantes, décortiquées et déveinées

1 tige de citronnelle (lemon-grass) grossièrement hachée

5 oignons verts (ciboules) pelés

3 gousses d'ail pelées

4 piments rouges frais, coupés en deux et épépinés

5 ml/1 c. à thé de curcuma

45 ml/3 c. à soupe de coriandre hachée

90 ml/6 c. à soupe d'huile végétale

1 c. à café/¹/₂ c. à thé de pâte de crevettes

1 boîte de lait de coco

1 boîte d'ananas en tranches, égoutté et haché

1. Hacher la citronnelle, les oignons verts, l'ail, les piments, le curcuma et la coriandre dans le mélangeur ou le robot de cuisine.

2. Faire chauffer l'huile dans un wok, y mettre le mélange, cuire 1 minute puis ajouter la pâte de crevettes et la partie claire du lait de coco. Amener à ébullition puis ajouter les crevettes et le reste du lait de coco.

3. Laisser mijoter pour bien chauffer le tout quelques minutes puis ajouter l'ananas. Laisser mijoter 10 minutes et servir avec du riz cuit à la vapeur.

POUR 4 CONVIVES.

Nouilles Pad Thai

315 g/11 oz de nouilles de riz fraîches ou séchées

10 ml/2 c. à thé d'huile végétale

4 échalotes hachées

3 piments rouges frais, hachés

30 ml/2 c. à soupe de gingembre frais, râpé

255 g/9 oz de filets de poitrine de poulet hachés

255 g/9 oz de crevettes crues, décortiquées et déveinées

55 g/2 oz d'arachides rôties, hachées

15 ml/1 c. à soupe de sucre

60 ml/4 c. à soupe de jus de lime

45 ml/3 c. à soupe de sauce au poisson (nam pla)

30 ml/2 c. à soupe de sauce soja légère

55 g/2 oz de germes de soja

115 g/4 oz de tofu haché

60 ml/4 c. à soupe de coriandre

45 ml/3 c. à soupe de menthe fraîche

Quartiers de lime

1. Mettre les nouilles dans un bol et les couvrir d'eau bouillante. Si on se sert de nouilles fraîches, laisser tremper 2 minutes, de nouilles sèches, 5-6 minutes. Bien égoutter les nouilles et réserver.

2. Dans un wok ou une poêle à frire, faire chauffer l'huile à feu vif puis y faire sauter les échalotes, les piments et le gingembre 1 minute. Ajouter le poulet et les crevettes et faire sauter 4 minutes de plus.

3. Ajouter les nouilles, les arachides, le sucre, le jus de lime, la sauce au poisson, la sauce soja et faire sauter 4 minutes. Incorporer les germes de soja, le tofu, la coriandre et la menthe. Faire cuire 1-2 minutes et servir avec les quartiers de lime.

POUR 4 CONVIVES.

Crevettes tempura

Huile végétale pour la friture

500 g/1 lb de grosses crevettes crues, décortiquées et déveinées, queues intactes

12 pois mange-tout parés

1 petite aubergine coupée en tranches fines

1 petit brocoli coupé en morceaux d'une bouchée

PÂTE À FRIRE TEMPURA :

180 ml/³/₄ de tasse de farine à levure

125 ml/¹/₂ tasse de farine de maïs

5 ml/1 c. à thé de poudre de piment rouge

1 œuf légèrement battu

250 ml/1 tasse d'eau glacée

4 cubes de glace

1. Pâte à frire : mélanger les farines et la poudre de piment dans un bol. Faire un puits au centre puis y mettre l'œuf et l'eau, et bien battre le tout. Ajouter les cubes de glace.

2. Faire chauffer l'huile dans une friteuse ou une casserole profonde.

3. Tremper les crevettes, les pois mange-tout, l'aubergine et le brocoli dans la pâte et les faire frire, en petites quantités, 3-4 minutes ou jusqu'à ce qu'ils soient dorés et croquants. Servir aussitôt avec des trempettes, des chutneys ou des relish du commerce, et une salade verte.

POUR 4 CONVIVES.

Moules au vinaigre de noix de coco

1 ½ kg/3 ⅓ lb de moules dans leur coquille

6 plants de coriandre entiers, lavés et grossièrement hachés

3 tiges de citronnelle (lemon-grass) meurtries (ou 3 c. à café/1 ½ c. à thé de citronnelle séchée, réhydratée en eau chaude)

Un morceau de gingembre de 5 cm/2 po de long, râpé

125 ml/½ tasse d'eau

15 ml/1 c. à soupe d'huile végétale

1 oignon rouge, coupé en deux et émincé

2 piments rouges, émincés

30 ml/2 c. à soupe de vinaigre de noix de coco

Coriandre fraîche

1. Dans un wok placé sur feu vif, mettre les moules, la coriandre, la citronnelle, le gingembre et l'eau. Couvrir et faire cuire 5 minutes ou jusqu'à ce que les moules s'ouvrent. Jeter les moules non ouvertes. Retirer les moules du wok et jeter les autres ingrédients en réservant le liquide de cuisson.

2. Dans le wok nettoyé, faire chauffer l'huile à feu moyen puis y faire sauter l'oignon et le piment 3 minutes. Ajouter les moules et leur jus de cuisson réservé et le vinaigre de noix de coco. Faire cuire 2 minutes ou jusqu'à ce que le tout soit bien chaud. Garnir de coriandre et servir aussitôt.

POUR 4 CONVIVES.

Rouleaux printaniers aux huîtres

30 ml/2 c. à soupe de gingembre frais ou mariné

15 ml/1 c. à soupe de coriandre hachée (ou aneth)

15 ml/1 c. à soupe de ciboulette (ou oignon vert/ ciboule) hachée

5 ml/1 c. à thé de jus de lime ou de citron

5 feuilles de pâte à rouleaux printaniers, won tons

20 huîtres fraîches écaillées, ou en pot, égouttées

TREMPETTE :

1 oignon vert (ciboule) coupé en biseau

30 ml/2 c. à soupe de vinaigre de vin de riz

30 ml/2 c. à soupe de sauce soja faible en sel

15 ml/1 c. à soupe de jus de lime ou de citron

1. Préchauffer le four à 180 °C/350 °F. Vaporiser ou badigeonner un plat à rôtir d'un peu d'huile insaturée.

2. Mélanger dans un petit bol le gingembre, la coriandre (ou l'aneth), la ciboulette (ou les oignons verts/ciboule) et le jus de lime ou de citron.

3. Couper chaque feuille de pâte à rouleaux printaniers en quatre. Mettre une huître au milieu de chaque carré puis couvrir du mélange au gingembre. Mouiller les bords de la pâte puis les rabattre et rouler le tout.

4. Placer les rouleaux (jointure en dessous) dans le plat à rôtir et les faire cuire au four 10-12 minutes ou jusqu'à ce qu'ils soient dorés et croquants.

5. Préparer la trempette en mélangeant bien les ingrédients indiqués dans un bol de service. Servir les rouleaux très chauds avec la trempette.

DONNE 20 PETITS ROULEAUX.

Moules aux tomates et à la coriandre

30 ml/2 c. à soupe d'huile végétale

1 petit oignon finement haché

2 gousses d'ail broyées

5 ml/1 c. à thé de gingembre râpé

5 ml/1 c. à thé de pâte de curry piquante

1 c. à café/$^1/_2$ c. à thé de piment de la Jamaïque moulu

Une pincée de piment de Cayenne

400 g/14 oz de tomates en conserve, hachées

2 feuilles de lime de kafir finement hachées

750 g/1 $^2/_3$ lb de grosses moules, brossées et ébarbées

Sel et poivre

15 ml/1 c. à soupe de coriandre hachée

1. Faire chauffer l'huile dans la partie inférieure d'un bain-marie ou dans une grande casserole. Y faire revenir l'oignon, l'ail, le gingembre, la pâte de curry, le piment de Jamaïque et le piment de Cayenne 10 minutes.

2. Ajouter les tomates et les feuilles de lime. Laisser mijoter et faire s'épaissir 20 minutes. Assaisonner au goût.

3. Mettre les moules dans une étuveuse et placer celle-ci dans le bain-marie ou la casserole. Cuire les moules au-dessus de la sauce 5 minutes. Jeter les moules non ouvertes.

4. Enlever la coquille supérieure des moules et placer celles-ci dans des assiettes chaudes. Couvrir de sauce, garnir de coriandre et servir très chaud.

POUR 6 CONVIVES.

Moules Parquee

Moules Parquee

24 grosses moules noires, très fraîches

1 oignon espagnol finement haché

1 piment rouge finement haché

100 ml/²/₅ de tasse de vieux vinaigre de vin rouge

55 ml/2 oz de porto

Sel et poivre

Quartiers de citron

1. Ouvrir les moules crues (voir p. 7).

2. Mélanger tous les autres ingrédients et réserver.

3. Disposer les moules dans une grande assiette de service et les couvrir du mélange à l'oignon. Laisser mariner 5 minutes au congélateur et servir avec les quartiers de citron.

POUR 2 CONVIVES.

Tostaditas aux crevettes

Huile végétale

8 tortillas au maïs

1/2 avocat haché

30 ml/2 c. à soupe de menthe fraîche hachée

GARNITURE DE CREVETTES ET DE LÉGUMES :

1 épi de maïs

1 poivron rouge coupé en quartiers

1 poivron jaune coupé en quartiers

10 ml/2 c. à thé d'huile d'olive

1 oignon rouge coupé en quartiers

370 g/13 oz de crevettes moyennes crues, décortiquées et déveinées

4 piments verts doux coupés en lanières

15 ml/1 c. à soupe de jus de lime

1. Préchauffer le barbecue ou le gril. Mettre l'épi et les poivrons sur le barbecue (ou sous le gril) et les faire carboniser un peu. Égrener l'épi et réserver les grains. Peler, épépiner puis couper les poivrons en fines lanières et réserver.

2. Dans une poêle à frire, faire chauffer l'huile à feu moyen puis y faire sauter l'oignon 4 minutes. Ajouter les crevettes, le piment et le jus de lime, et faire cuire 2 minutes. Incorporer les grains de maïs et les poivrons au mélange. Réserver.

3. Faire chauffer à feu moyen une poêle à frire remplie de 2 1/2 cm/1 po d'huile. Une fois l'huile très chaude, y faire frire les tortillas, une à la fois, 45 secondes de chaque côté. Laisser s'égoutter les tortillas sur de l'essuie-tout.

4. Couvrir les tortillas de garniture et garnir d'avocat et de menthe. Servir très chaud.

POUR 4 CONVIVES.

Curry de fruits de mer

5 ml/1 c. à thé d'huile

1 oignon émincé

2 gousses d'ail hachées

15 ml/1 c. à soupe de cumin moulu

15 ml/1 c. à soupe de curcuma

30 ml/2 c. à soupe de poudre de curry doux

15 ml/1 c. à soupe de gingembre moulu

2 graines de cardamome concassées

1 pincée de poudre de piment fort

1/4 de bâton de cannelle cassé

500 g/1 lb de palourdes nettoyées (sans sable)

500 g/1 lb de moules nettoyées (sans sable)

125 ml/1/2 tasse d'eau

375 ml/1 1/2 tasse de crème de coco

15 ml/1 c. à soupe de coriandre hachée

RAITA (GARNITURE) :

1/2 concombre pelé, épépiné et coupé en dés

15 ml/1 c. à soupe de menthe hachée

75 ml/5 c. à soupe de yogourt (yaourt) nature

Le jus de 1 citron

Sel et poivre

1. Dans une grande casserole placée sur feu moyen, faire revenir l'huile, l'oignon, l'ail et les épices 2 minutes. Ajouter les coquillages et l'eau, et les faire cuire le temps qu'ils s'ouvrent. Remuer souvent. Une fois les coquillages ouverts, ajouter la crème de coco et la coriandre.

2. Préparer la raita en mêlant bien tous les ingrédients. Servir les coquillages dans un grand plat de service, garnis de raita, avec du riz basmati cuit à la vapeur.

POUR 4 CONVIVES.

Croquettes aux crevettes géantes et aux patates douces

500 g/1 lb de crevettes géantes, décortiquées et déveinées

MARINADE :

2 oignons verts (ciboules) finement hachés

1 tige de citronnelle (lemon-grass) finement hachée

15 ml/1 c. à soupe de gingembre frais, râpé

½ botte de coriandre finement hachée

5 ml/1 c. à thé de sauce au poisson (nam pla)

15 ml/1 c. à soupe de sauce au piment douce

30 ml/2 c. à soupe d'huile d'arachide

PÂTE À FRIRE :

300 g/10 ½ oz de patates douces

1 c. à café/½ c. à thé de curcuma

250 ml/1 tasse de lait de coco

125 ml/½ tasse d'eau

125 ml/½ tasse de farine à levure

125 ml/½ tasse de farine de riz

15 ml/1 c. à soupe de polenta

Quartiers de lime

1. Hacher grossièrement les crevettes et bien les mêler avec les oignons verts, la citronnelle, le gingembre, la coriandre, les sauces au poisson et au piment. Laisser mariner le tout 1 heure.

2. Entre-temps, pour faire la pâte à frire, râper les patates douces. Dans un bol séparé, mélanger le curcuma, le lait de coco, les farines, l'eau et la polenta. Ajouter la patate râpée au mélange et réserver. Mélanger ensuite la pâte et les crevettes marinées égouttées.

3. Faire chauffer l'huile dans une poêle à frire qui n'attache pas puis y faire frire le mélange, 15 ml (une cuillerée à soupe) à la fois, 3 minutes de chaque côté, à feu moyen-vif. Les croquettes doivent être croustillantes et dorées.

4. Une fois les croquettes retirées de la poêle, les laisser refroidir un peu sur une grille ou les servir aussitôt avec les quartiers de lime. Pour réchauffer les croquettes, les mettre sur une grille 5-10 minutes, à four préchauffé à 200 °C/400 °F.

Variante : On peut remplacer les crevettes par du saumon coupé en petits dés. On peut aussi mélanger saumon et crevettes.

DONNE 12-16 CROQUETTES.

Ceviche de crevettes

500 g/1 lb de crevettes vertes moyennes, décortiquées et déveinées

185 ml/³/₄ de tasse de jus de lime

185 ml/³/₄ de tasse de jus de citron

125 ml/¹/₂ tasse de jus d'orange

1 piment fort, frais, coupé en lanières

1 gousse d'ail broyée

5 ml/1 c. à thé de cassonade

1 poivron rouge, coupé en fines lanières

¹/₂ petit oignon rouge, coupé en fines lanières

30 ml/2 c. à soupe de coriandre hachée

2 tomates mûres, épépinées et coupées en dés

Sel et poivre noir frais moulu

1. Dans un grand bol, faire mariner les crevettes toute la nuit (6 heures au moins) dans les jus d'agrumes, le piment, l'ail et la cassonade. Les crevettes deviendront partiellement opaques en marinant.

2. Retirer les crevettes de la marinade puis les mélanger avec les autres ingrédients (poivron, oignon, coriandre, tomates) et les assaisonner au goût. Servir aussitôt.

POUR 2 CONVIVES.

Moules marinées à l'espagnole

1 kg/2 ¼ lb de moules, nettoyées et cuites à la marinière (voir p. 237) puis décortiquées

Le blanc haché de 1 œuf dur

30 ml/2 c. à soupe de petites câpres

30 ml/2 c. à soupe d'herbes fraîches (thym, romarin, marjolaine)

2 tomates mûries sur pied, finement hachées

145 ml/5 oz d'huile d'olive vierge espagnole

15 ml/1 c. à soupe de moutarde de Dijon

30 ml/2 c. à soupe de vieux vinaigre de sherry

15 ml/1 c. à soupe de basilic grossièrement haché

Sel et poivre

1. Mélanger tous les ingrédients et faire mariner 2 heures au réfrigérateur.

2. Mettre les moules et la garniture dans les coquilles disposées dans une grande assiette de service. Servir avec une salade ou comme tapas avec un verre de vin.

POUR 4 CONVIVES.

Moules Tin Tin

1 kg/2 ¼ lb de moules nettoyées et ébarbées

15 ml/1 c. à soupe d'huile d'arachide

55 ml/2 oz de vin blanc

1 piment rouge émincé

1 tige de citronnelle (lemon-grass) broyée

15 ml/1 c. à soupe de gingembre frais, râpé

1 gousse d'ail hachée

100 ml/3 ½ oz de crème de coco

15 ml/1 c. à soupe de coriandre hachée

1. Mettre le vin blanc, le piment, la citronnelle, le gingembre et l'ail dans un pot et les laisser macérer 15 minutes.

2. Mettre les moules dans une casserole avec l'huile et la marinade.

3. Ajouter la crème de coco et faire cuire jusqu'à ce que les moules s'ouvrent, en les remuant souvent. Jeter les moules non ouvertes. Garnir de coriandre et servir.

POUR 4 CONVIVES.

Crevettes tigrées et trempette orientale

15 ml/1 c. à soupe d'huile de tournesol

10 crevettes tigrées, décortiquées et déveinées, queues intactes

4 feuilles de romaine

Coriandre fraîche pour garnir

TREMPETTE :

1 gousse d'ail broyée

1 c. à café/½ c. à thé de sucre

Quelques gouttes de sauce Tabasco

Le jus et le zeste râpé de ½ lime

45 ml/3 c. à soupe d'huile de tournesol

Sel et poivre noir frais moulu

1. Préparer la trempette en mélangeant les ingrédients indiqués.

2. Dans une poêle qui n'attache pas, faire chauffer l'huile puis y faire sauter les crevettes 3-4 minutes.

3. Disposer la romaine dans 2 assiettes, y mettre les crevettes, et garnir de coriandre. Servir avec la trempette.

POUR 2 CONVIVES.

Crevettes à la citronnelle

1kg/2 ¼ lb de crevettes moyennes, crues

3 tiges de citronnelle (lemon-grass) finement hachées

2 oignons verts (ciboules) hachés

2 petits piments forts rouges, finement hachés

2 gousses d'ail broyées

30 ml/2 c. à soupe de gingembre frais, finement râpé

5 ml/1 c. à thé de pâte de crevettes

15 ml/1 c. à soupe de cassonade

125 ml/½ tasse de lait de coco

1. Nettoyer les crevettes et les mettre entières dans un plat de verre peu profond.

2. Réduire en purée lisse, dans le mélangeur ou le robot de cuisine, la citronnelle, les oignons verts, les piments, l'ail, le gingembre et la pâte de crevettes. Ajouter la cassonade et le lait de coco, mélanger. Verser le mélange sur les crevettes, mélanger et laisser mariner le tout 3-4 heures au réfrigérateur.

3. Préchauffer le barbecue à feu vif. Égoutter les crevettes puis les faire cuire 5 minutes en les retournant plusieurs fois et en les arrosant de marinade. Servir très chaud.

POUR 4 CONVIVES.

Homards au saké

2 homards vivants de 455 g/1 lb chacun

2 poireaux

115 g/4 oz de cresson

45 g/1 ½ oz de gingembre frais

15 ml/1 c. à soupe de jus de gingembre frais

Feuilles de cerfeuil

SAUCE POUR MIJOTER :

400 ml/1 ³/₅ tasse de saké

185 ml/³/₄ de tasse d'eau

7 c. à soupe de mirin

30 ml/2 c. à soupe de sauce soja foncée

30 ml/2 c. à soupe de sauce soja légère

30 ml/2 c. à soupe de sucre

1 c. à café/½ c. à thé de sel

1. Couper les homards vivants en deux sur le long puis couper chaque moitié en 2-3 morceaux.

2. Trancher les poireaux en rondelles de 1 cm/½ po d'épais, les faire s'attendrir dans l'eau bouillante et salée et les égoutter.

3. Blanchir le cresson dans l'eau bouillante salée puis l'égoutter et le passer en eau froide pour en arrêter la cuisson. L'égoutter à fond et le couper en morceaux de 4 cm/1 ½ po de long.

4. Couper le gingembre en tranches très fines et le faire tremper 2-3 minutes en eau froide.

5. Mettre le saké et l'eau dans une casserole et les amener à ébullition à feu vif puis ajouter les autres ingrédients indiqués pour la sauce. Ajouter le homard et couvrir les ingrédients d'une assiette. Faire cuire 5-6 minutes à feu vif jusqu'à ce que la chair de homard soit bien cuite. Pendant la cuisson, arroser le homard plusieurs fois avec la sauce. Ajouter le poireau et le cresson, bien réchauffer le tout, ajouter le jus de gingembre et retirer du feu.

6. Répartir le homard et les légumes dans 4 grands bols à soupe. Couvrir de sauce. Garnir de gingembre et de cerfeuil, et servir très chaud.

POUR 4 CONVIVES.

Curry de moules

30 ml/2 c. à soupe d'huile d'olive

1 petit oignon haché

1 branche de céleri émincée

1 gousse d'ail hachée

30 ml/2 c. à soupe de pâte de curry jaune

2 graines de cardamome broyées

1 pincée de cumin moulu

1 kg/2 ¼ lb de moules nettoyées

55 ml/2 oz de crème de coco

15 ml/1 c. à soupe de coriandre hachée

1 piment rouge (facultatif)

1. Mettre dans une casserole l'huile, l'oignon, le céleri, l'ail, la pâte de curry, la cardamome et le cumin. Faire cuire 5 minutes à feu doux en tournant souvent le mélange.

2. Ajouter les moules et la crème de coco, et augmenter le feu à vif.

3. Faire cuire jusqu'à ce que les moules s'ouvrent en les remuant souvent pour qu'elles cuisent également. Jeter les moules non ouvertes.

4. Ajouter la coriandre (et le piment, si on désire un curry très fort). Mélanger et servir.

POUR 4 CONVIVES.

Curry de moules

Crevettes frites aux tamarins

30 ml/2 c. à soupe de pulpe de tamarins

125 ml/¹/₂ tasse d'eau

30 ml/2 c. à soupe d'huile végétale

3 tiges de citronnelle (lemon-grass) hachées (ou 10 ml/2 c. à thé de zeste de citron finement râpé)

2 piments rouges frais, hachés

500 g/1 lb de crevettes crues, décortiquées et déveinées, queue intacte

2 mangues vertes (non mûres), chair finement tranchée

45 ml/3 c. à soupe de coriandre hachée

30 ml/2 c. à soupe de cassonade

30 ml/2 c. à soupe de jus de lime

1. Mettre la pulpe de tamarins et l'eau dans un bol, et laisser reposer 20 minutes. Passer le liquide et jeter la pulpe solide.

2. Dans un wok ou une poêle à frire, faire chauffer l'huile à feu vif puis y faire sauter la citronnelle et les piments 1 minute. Ajouter les crevettes et les faire sauter 2 minutes.

3. Ajouter les mangues, la coriandre, la cassonade, le jus de lime et le jus de tamarins. Faire sauter le tout 5 minutes ou jusqu'à ce que les crevettes soient cuites.

POUR 4 CONVIVES.

plats de
réception

Risotto aux écrevisses et au gingembre

30 ml/2 c. à soupe d'huile d'arachide

1 oignon haché

3 petits piments rouges émincés

Un morceau de gingembre frais de 4 cm de long (ou 10 ml/2 c. à thé de gingembre moulu)

20 grosses écrevisses* à pattes rouges ou blanches, cuites et pelées

425 g/15 oz de riz arborio

100 ml/3 1/2 oz de vin blanc

1 L/4 tasses de bouillon de poisson (ou de légumes) chaud

4 tomates fermes, grossièrement hachées

3 échalotes émincées

30 ml/2 c. à soupe de crème

Sel et poivre au goût

Feuilles de sauge fraîche, frites (et croustillantes)

1. Dans une grande casserole, chauffer l'huile à feu moyen puis y faire sauter l'oignon, le piment et le gingembre. Incorporer les écrevisses au mélange. Retirer les écrevisses du mélange avec une écumoire et les garder au chaud.

2. Mettre le riz dans la casserole et l'incorporer au mélange. Ajouter le vin blanc et laisser cuire jusqu'à ce qu'il ait été absorbé. Ajouter le bouillon, 125 ml (1/2 tasse) à la fois, en le laissant être absorbé chaque fois. Bien mélanger, et souvent, pour obtenir un riz floconneux. Une fois que la moitié du bouillon a été utilisée, et avant d'en ajouter d'autre, ajouter les tomates et les échalotes.

3. Une fois tout le bouillon absorbé et tandis que le riz est encore ferme, incorporer la crème et assaisonner au goût. Bien mélanger le riz et disposer dessus les écrevisses et les feuilles de sauge. Servir très chaud.

* Si on ne peut se procurer de grosses écrevisses, on peut les remplacer par des langoustines.

POUR 4 CONVIVES.

Gratin de crabe

4 petits crabes

15 ml/1 c. à soupe d'échalote hachée

125 ml/½ tasse de champignons hachés

15 ml/1 c. à soupe de beurre ou de margarine

30 ml/2 c. à soupe de cognac

Sel et poivre au goût

SAUCE :

30 ml/2 c. à soupe de beurre ou de margarine

30 ml/2 c. à soupe de farine

375 ml/1 ½ tasse de bouillon de poisson

125 ml/½ tasse de crème

5 ml/1 c. à thé de moutarde de Dijon

5 ml/1 c. à thé de piment de Cayenne

125 ml/½ tasse de fromage râpé

1. Préparer la chair de crabe de la manière habituelle (voir p. 8) et la réserver en gardant les carapaces intactes.

2. Dans une petite poêle à frire, faire sauter les échalotes et les champignons dans le beurre, assaisonner puis verser dessus le cognac flambant. Retirer du feu.

3. Sauce : faire fondre le beurre dans une casserole placée sur feu doux puis y délayer rapidement la farine avec un fouet de métal. Laisser mijoter 1-2 minutes puis ajouter le bouillon de poisson et faire cuire doucement jusqu'à ce que la sauce épaississe. Incorporer la crème, la moutarde et le piment de Cayenne.

4. Laisser mijoter la sauce 2-3 minutes puis la retirer du feu, et y incorporer le crabe et les champignons.

5. Verser le mélange dans les carapaces de crabes, saupoudrer de fromage et cuire 5 minutes le tout au four, à 150 °C/325 °F, jusqu'à ce que la croûte soit dorée. Servir très chaud.

POUR 4 CONVIVES.

Bouillabaisse

3 kg/6 ²/₃ lb de poissons et fruits de mer (poisson blanc à chair ferme, crevettes, moules, crabe et rondelles de calmar)

60 ml/¹/₄ de tasse d'huile d'olive

2 gousses d'ail broyées

2 gros oignons hachés

2 poireaux tranchés

800 g/28 oz de tomates en conserve, égouttées et broyées

15 ml/1 c. à soupe de thym haché (ou la moitié de thym séché)

30 ml/2 c. à soupe de basilic haché (ou la moitié de basilic séché)

30 ml/2 c. à soupe de persil haché

2 feuilles de laurier

30 ml/2 c. à soupe de zeste d'orange finement râpé

5 ml/1 c. à thé de safran

250 ml/1 tasse de vin blanc sec

250 ml/1 tasse de bouillon de poisson

Poivre noir frais moulu

1. Enlever les arêtes et la peau des filets de poisson et les couper en cubes de 2 cm/³/₄ de po. Éplucher et déveiner les crevettes en en gardant les queues intactes. Brosser et ébarber les moules. Couper les crabes en morceaux. Réserver.

2. Dans une grande casserole, faire chauffer l'huile à feu moyen puis y faire dorer l'ail, l'oignon et le poireau 5 minutes. Ajouter les tomates, les fines herbes et le laurier, le zeste d'orange, le safran, le vin et le bouillon, et amener à ébullition. Réduire le feu et laisser mijoter le tout 30 minutes.

3. Ajouter le poisson et le crabe, et laisser mijoter 10 minutes. Ajouter les autres fruits de mer et faire cuire 5 minutes de plus. Poivrer la soupe au goût.

POUR 6 CONVIVES.

Homard à la sauce Mornay

1 homard moyen cuit et coupé en deux

SAUCE MORNAY :

310 ml/11 oz de lait

1 feuille de laurier

1 petit oignon haché

5 grains de poivre noir

30 g/1 oz de beurre

30 ml/2 c. à soupe de farine tout usage

75 ml/2 ½ oz de crème

75 g/2 ½ oz de fromage râpé

Sel et poivre noir frais moulu

15 g/½ oz de beurre

75 g/2 ½ oz de panure

1. Retirer la chair de homard de la carapace et la couper en morceaux d'une bouchée. Réserver la carapace.

2. Sauce Mornay : dans une casserole, mettre le lait, le laurier, l'oignon et les grains de poivre, et amener à ébullition. Retirer du feu, couvrir et laisser reposer 10 minutes. Passer ensuite le liquide.

3. Dans une casserole, faire fondre le beurre et retirer du feu. Délayer la farine dans le beurre puis ajouter le lait petit à petit. Remettre la casserole sur le feu et laisser mijoter la sauce 1 minute en la brassant continuellement. Retirer la sauce du feu et y incorporer la crème, le fromage, le sel et le poivre. Ajouter ensuite le homard.

4. Répartir le mélange dans les demi-carapaces. Faire fondre le beurre dans une petite casserole puis y incorporer la panure.

5. Couvrir les demi-carapaces de chapelure et faire dorer le homard sous le gril le temps requis. Servir très chaud.

POUR 2 CONVIVES.

Crabe au piment rouge

1 gros crabe (ou 2 petits)

45 ml/3 c. à soupe d'huile végétale

15 ml/1 c. à soupe de jus de citron

Sel au goût

SAUCE AU PIMENT :

2-3 piments forts rouges, épépinés et hachés

1 oignon haché

2 gousses d'ail hachées

10 ml/2 c. à thé de gingembre frais, râpé

30 ml/2 c. à soupe d'huile végétale

2 tomates mûres pelées, épépinées et hachées (ou 10 ml/2 c. à thé de concentré de tomate)

5 ml/1 c. à thé de sucre

15 ml/1 c. à soupe de sauce soja légère

45 ml/3 c. à soupe d'eau

1. Bien nettoyer le crabe puis le couper en 3 ou 4 morceaux. Fendre les pattes en 2 ou 3 endroits. Dans une poêle à frire, faire chauffer l'huile puis y faire sauter le crabe 5 minutes en le remuant constamment. Ajouter le jus de citron et du sel au goût, retirer du feu et garder chaud.

2. Sauce : mettre les piments, l'oignon, l'ail et le gingembre dans le mélangeur et les réduire en purée lisse. Dans un wok ou une poêle à frire profonde, faire chauffer l'huile puis y faire frire la purée 1 minute en la remuant constamment. Ajouter les tomates, le sucre, la sauce soja et faire cuire 2 minutes. Ajouter l'eau et du sel au goût et laisser mijoter 1 minute de plus.

3. Incorporer les morceaux de crabe au mélange et faire cuire le tout 1-2 minutes. Servir chaud.

POUR 4 CONVIVES.

Palourdes à la sauce aux haricots noirs

15 ml/1 c. à soupe d'huile de sésame

1 kg/2 ¼ lb de palourdes nettoyées (sans sable)

55 ml/2 oz d'eau

115 ml/4 oz de sauce aux haricots noirs (voir ci-bas)

15 ml/1 c. à soupe de farine de maïs, délayée dans
30 ml/2 c. à soupe d'eau

15 ml/1 c. à soupe de coriandre hachée

3 oignons verts (ciboules) finement hachés

SAUCE AUX HARICOTS NOIRS :

60 ml/4 c. à soupe de haricots noirs fermentés
(haricots noirs salés)

15 ml/1 c. à soupe de gingembre frais, râpé

1 piment rouge haché

2 gousses d'ail hachées

15 ml/1 c. à soupe de vinaigre blanc

30 ml/2 c. à soupe de sauce soja

1 pincée de cinq-épices

5 ml/1 c. à thé de sucre

30 ml/2 c. à soupe d'huile végétale

1. Sauce : rincer à fond les haricots noirs puis les hacher finement. Les mêler aux autres ingrédients indiqués et laisser reposer 15 minutes.

2. Dans une grande casserole placée sur feu vif, mettre l'huile de sésame, les palourdes et l'eau, et faire cuire jusqu'à ce que les palourdes commencent à s'ouvrir. Ajouter la sauce et faire cuire jusqu'à ce que toutes les palourdes soient ouvertes.

3. Incorporer la farine de maïs et faire épaissir la sauce 1 minute à feu vif.

4. Ajouter la coriandre et les oignons verts, et servir le tout sur un lit de riz ou de nouilles.

POUR 4 CONVIVES.

Huîtres Greta Garbo

3 douzaines d'huîtres dans leur coquille

Le jus de ½ citron ou ½ lime

6 tranches de saumon fumé, coupées en fines lanières

250 ml/1 tasse de crème sure (aigre)

30 ml/2 c. à soupe de ciboulette hachée

Œufs de saumon («caviar rouge»)

Glace broyée

1. Arroser les huîtres ouvertes de jus de citron ou de lime et les couvrir de lanières de saumon fumé.

2. Mettre de la crème sure dans chaque coquille.

3. Garnir de ciboulette et d'œufs de saumon. Servir les huîtres sur un lit de glace broyée.

POUR 6 CONVIVES (comme entrée).

Crevettes en sauce à l'avocat à la mexicaine

750 g/1 ²/₃ lb de grosses crevettes, décortiquées et déveinées

30 ml/2 c. à soupe de jus de lime

10 ml/2 c. à thé de cumin moulu

30 ml/2 c. à soupe de coriandre hachée

2 piments rouges frais, hachés

10 ml/2 c. à thé d'huile végétale

4 tortillas ou tranches de pain sans levain

SAUCE PIQUANTE À L'AVOCAT :

1 avocat, chair hachée

15 ml/1 c. à soupe de jus de citron

¹/₂ poivron rouge haché

2 oignons verts (ciboules) hachés

1 c. à café/¹/₂ c. à thé de poudre de piment

15 ml/1 c. à soupe de coriandre hachée

1. Mettre les crevettes, le jus de lime, le cumin, la coriandre, le piment et l'huile dans un bol. Bien mélanger et laisser mariner 5 minutes.

2. Sauce : mettre l'avocat, le jus de citron, le poivron, les oignons verts, la poudre de piment et la coriandre dans un bol et bien mélanger. Réserver.

3. Faire chauffer sur feu vif une poêle à frire qui n'attache pas. Y mettre les crevettes et faire sauter 4-5 minutes. Répartir les crevettes dans les tortillas et couvrir de sauce.

POUR 4 CONVIVES.

Moules au beurre à l'ail

1 kg/2 ¼ lb de moules cuites à la marinière
(voir p. 237)

BEURRE À L'AIL :

500 g/1 lb de beurre ramolli

2 gousses d'ail finement hachées

15 ml/1 c. à soupe de persil haché

30 ml/2 c. à soupe de brandy

Sel et poivre

1. Enlever la partie supérieure des coquilles.

2. Beurre à l'ail : mettre le beurre en crème puis bien y incorporer tous les ingrédients indiqués.

3. Couvrir les moules de beurre à l'ail puis les passer sous le gril jusqu'à ce qu'elles grésillent. Servir avec du pain ou des croustilles.

POUR 6 CONVIVES (comme entrée).

Homard à la Newburg

60 g/2 oz de beurre

2 kg/4 ½ lb de homards cuits, décortiqués, chair coupée en petits morceaux

10 ml/2 c. à thé de sel

⅛ de c. à café/¼ de c. à thé de piment de Cayenne

⅛ de c. à café/¼ de c. à thé de muscade râpée

250 ml/1 tasse de crème épaisse

4 jaunes d'œufs

30 ml/2 c. à soupe de brandy

30 ml/2 c. à soupe de sherry sec

Demi-carapaces de homard ou 4-6 vol-au-vent

Riz cuit à la vapeur

1. Dans un caquelon, faire fondre le beurre à feu moyen. Une fois la mousse du beurre résorbée, y faire mijoter la chair de homard 5 minutes environ. Assaisonner de sel, piment de Cayenne et muscade.

2. Dans un petit bol, battre ensemble la crème et les jaunes d'œufs. Ajouter ce mélange au homard en tournant continuellement le tout avec une cuiller de bois.

3. Ajouter le brandy et le sherry, et ne pas laisser bouillir au risque de voir tourner la sauce.

4. Répartir le mélange dans les demi-carapaces ou les vol-au-vent, et servir avec le riz et un légume vert au choix.

POUR 4 À 6 CONVIVES.

Langoustines grillées au beurre aux herbes

12 langoustines

125 g/4 ½ oz de beurre

Herbes hachées, au choix

30 ml/2 c. à soupe de persil haché

2 gousses d'ail finement hachées

Poivre noir frais moulu

Quartiers de citron

1. Couper les langoustines en deux sur le long et les placer dans un grand plat peu profond.

2. Faire fondre le beurre et y mettre l'ail et les herbes. Arroser les langoustines de beurre et les poivrer.

3. Préchauffer le barbecue puis mettre les langoustines sur la grille. Faire cuire 5 minutes ou jusqu'à ce que la chair blanchisse. Retirer du feu et placer les langoustines dans un grand plat de service avec les quartiers de citron. Servir très chaud.

POUR 4 CONVIVES (comme entrée).

Crevettes et pétoncles à la noix de coco

1 kg/2 ¼ lb de grosses crevettes crues, décortiquées et déveinées, queue intacte

3 blancs d'œufs légèrement battus

85 g/3 oz de noix de coco râpée

Huile végétale pour la friture

15 ml/1 c. à soupe d'huile d'arachide

4 piments rouges frais, épépinés et tranchés

2 petits piments verts frais, épépinés et tranchés

2 gousses d'ail broyées

15 ml/1 c. à soupe de gingembre frais, râpé

3 feuilles de lime de kafir finement hachées

370 g/13 oz de pétoncles

115 g/4 oz de germes de pois mange-tout

30 ml/2 c. à soupe de sucre de palme ou de cassonade

60 ml/¼ de tasse de jus de lime

30 ml/2 c. à soupe de sauce au poisson (nam pla)

1. Tremper les crevettes dans le blanc d'œuf puis les rouler dans la noix de coco. Dans une friteuse ou une casserole profonde, faire chauffer l'huile puis y faire frire les crevettes, quelques-unes à la fois, 2-3 minutes. Laisser s'égoutter sur de l'essuie-tout.

2. Dans un wok, faire chauffer l'huile d'arachide à feu vif puis y faire sauter les piments rouges et verts, l'ail, le gingembre et les feuilles de lime 2-3 minutes.

3. Ajouter les pétoncles et les faire frire 3 minutes. Ajouter les crevettes, les germes de pois mange-tout, le sucre, le jus de lime et la sauce au poisson, et faire frire le tout 2 minutes ou jusqu'à ce que ce soit très chaud. Servir immédiatement.

POUR 6 CONVIVES.

Crevettes à l'ail à la thaïlandaise

6 gousses d'ail broyées

90 ml/6 c. à soupe de coriandre hachée

45 ml/3 c. à soupe d'huile végétale

500 g/1 lb de grosses crevettes crues, décortiquées et déveinées, queue intacte

185 ml/³/₄ de tasse d'eau

60 ml/¹/₄ de tasse de sauce au poisson (nam pla)

15 ml/1 c. à soupe de sucre

Poivre noir frais moulu

1. Mettre l'ail, la coriandre et 30 ml/2 c. à soupe d'huile dans le mélangeur ou le robot de cuisine et les réduire en purée lisse.

2. Dans un grand wok ou une grande poêle à frire, faire chauffer le reste de l'huile puis y faire sauter l'ail 2 minutes. Ajouter les crevettes et bien mélanger. Ajouter l'eau, la sauce au poisson, le sucre et le poivre, et faire sauter jusqu'à ce que les crevettes soient cuites. Servir très chaud.

POUR 4 CONVIVES.

Moules à la dijonnaise

30 g/1 oz de beurre

½ oignon finement haché

½ petit pied de céleri finement haché

½ poireau finement haché

1 kg/2 ¼ lb de moules nettoyées

250 ml/1 tasse de vin blanc sec

250 ml/1 tasse de crème

15 ml/1 c. à soupe de moutarde de Dijon

Poivre

15 ml/1 c. à soupe de persil haché

1. Dans une casserole placée sur feu vif, faire fondre le beurre puis y faire sauter l'oignon, le céleri et le poireau 1 minute. Ajouter les moules et le vin, et couvrir.

2. Mélanger la crème et la moutarde, et ajouter ce mélange aux moules. Poivrer au goût.

3. Retourner souvent les moules pour qu'elles cuisent également. Une fois qu'elles sont ouvertes, ajouter le persil. Jeter les moules non ouvertes. Servir très chaud.

POUR 4 CONVIVES.

Palourdes frites à l'italienne

2 œufs battus

Sel et poivre au goût

1 kg/2 ¼ lb de palourdes cuites à la marinière (voir p. 237) puis extraites de leur coquille (garder les coquilles)

500 ml/2 tasses de chapelure

15 ml/1 c. à soupe d'herbes italiennes séchées mélangées

Huile végétale pour la friture

45 ml/3 c. à soupe de sauce tartare

Quartiers de citron

1. Battre les œufs et les assaisonner. Ajouter les palourdes aux œufs battus.

2. Mélanger les herbes et la chapelure. Égoutter les palourdes puis les enrober de chapelure.

3. Faire frire les palourdes quelques minutes dans l'huile. Laisser s'égoutter sur de l'essuie-tout puis servir les palourdes dans les coquilles avec la sauce tartare et des quartiers de citron.

POUR 6 CONVIVES (comme entrée).

Homard à la provençale

55 g/2 oz de beurre

5 ml/1 c. à thé d'ail broyé

2 oignons verts (ciboules) hachés

310 g/11 oz de tomates en conserve

Sel et grains de poivre noir grossièrement broyés (au goût)

Une pincée de safran

1 gros homard cuit

55 ml/2 oz de cognac

Riz bouilli

½ botte de ciboulette hachée

Quartiers de citron

1. Dans une poêle à frire peu profonde, faire fondre le beurre à feu moyen puis y faire revenir l'ail, les oignons verts, les tomates, le sel et le poivre et le safran 2 minutes environ.

2. Retirer la chair du homard puis la couper en gros morceaux. Mettre la chair de homard dans la poêle et la faire flamber avec le cognac. Laisser mijoter jusqu'à ce que le homard soit bien chaud.

3. Mettre le riz dans une grande assiette de service et le parsemer de ciboulette.

4. Retirer le homard de la poêle, le disposer sur le riz puis napper le tout de sauce. Servir avec les quartiers de citron.

POUR 4 CONVIVES.

Pétoncles à la poêle en sauce piquante à l'orange

2 petites oranges

4 tomates séchées au soleil, dans l'huile, égouttées et hachées

1 gousse d'ail broyée

15 ml/1 c. à soupe de vinaigre balsamique

60 ml/4 c. à soupe d'huile d'olive extravierge

Sel et poivre noir

1 gros bulbe de fenouil coupé sur le long en 8 tranches

12 pétoncles frais

20 ml/4 c. à thé de crème riche (fraîche)

Feuilles de roquette

1. Couper les parties supérieure et inférieure d'une orange puis en enlever le zeste et le cœur. Dégager la pulpe des membranes puis la hacher grossièrement. Exprimer le jus de la deuxième orange dans un bol puis y mélanger la pulpe, les tomates, l'ail, le vinaigre et 45 ml/3 c. à soupe d'huile. Assaisonner au goût et réserver.

2. Faire chauffer une poêle en fonte. Badigeonner de la moitié de l'huile qui reste les deux côtés des tranches de fenouil. Les faire cuire 2-3 minutes de chaque côté jusqu'à ce qu'elles soient légèrement carbonisées. Les mettre dans des assiettes et garder au chaud.

3. Badigeonner les pétoncles avec le reste de l'huile puis les faire cuire 1 minute d'un côté et 30 secondes de l'autre. Couvrir les tranches de fenouil de chaque assiette de 15 ml/1 c. à soupe de crème riche, de 3 pétoncles et de sauce. Servir avec la roquette.

POUR 4 CONVIVES.

Pâté aux fruits de mer

500 g/1 lb de filets de truite, désossés et dépouillés

500 g/1 lb de crevettes crues, décortiquées et déveinées

85 g/3 oz de beurre

4 oignons verts (ciboules) hachés

2 gousses d'ail broyées

30 ml/2 c. à soupe de brandy

30 ml/2 c. à soupe d'aneth frais, haché

125 ml/½ tasse de crème épaisse

15 ml/1 c. à soupe de jus de citron

30 ml/2 c. à soupe de sauce au piment

Poivre noir frais moulu

Brins d'aneth frais

Biscottes Melba ou craquelins

1. Hacher grossièrement la truite et les crevettes, et réserver.

2. Dans une casserole, faire fondre le beurre à feu moyen puis y faire revenir l'ail et les oignons verts 1-2 minutes. Ajouter la truite et les crevettes, et faire cuire en tournant le mélange. Ajouter le brandy et cuire 1 minute de plus puis ajouter l'aneth, la crème, le jus de citron et la sauce au piment. Retirer la poêle du feu et laisser refroidir.

3. Mettre le mélange dans le robot de cuisine, le poivrer au goût puis le réduire en purée lisse. Mettre le pâté par petites quantités dans une grande assiette de service, couvrir et réfrigérer 6 heures au moins. Garnir le pâté d'aneth et le servir avec des biscottes Melba ou des craquelins.

POUR 8 CONVIVES.

Crevettes papillons au jambon

500 g/1 lb de crevettes géantes

1 tranche de jambon

1 courgette

6 oignons verts (ciboules)

30 ml/2 c. à soupe d'huile végétale

30 ml/2 c. à soupe de farine de maïs, délayée dans un peu d'eau

1 cube de bouillon de poulet, broyé

30 ml/2 c. à soupe de sherry

30 ml/2 c. à soupe de sauce soja

1. Crevettes papillons : Décortiquer les crevettes en en laissant la queue intacte. Faire une petite entaille le long du dos de chaque crevette et en enlever la veine intestinale. Faire ensuite une entaille d'1 cm/ ½ po de profond de l'autre côté et la crevette s'ouvrira en papillon.

2. Couper le jambon, la courgette et les oignons verts en très fines lanières de 5 cm/2 po de long. Mettre une lanière de chaque ingrédient dans chaque crevette.

3. Dans un wok ou une poêle à frire, faire chauffer l'huile puis y faire frire les crevettes 1 minute.

4. Incorporer la farine de maïs délayée, le cube de bouillon, le sherry et la sauce soja, et faire cuire jusqu'à ce que le mélange commence à bouillir et à s'épaissir. Retirer les crevettes et les mettre dans une assiette de service. Conserver le liquide de cuisson comme trempette ou pour un usage ultérieur.

DONNE 24 CREVETTES.

Homard au pesto à la menthe

2 queues de homard crues, coupées sur le long

PESTO À LA MENTHE :

1 botte de menthe fraîche

60 ml/4 c. à soupe d'amandes rôties

1 gousse d'ail broyée

60 ml/4 c. à soupe de jus de lime

60 ml/4 c. à soupe d'huile d'olive

1. Pesto : mettre la menthe, les amandes, l'ail et le jus de lime dans le mélangeur ou le robot de cuisine puis les réduire en purée. Incorporer l'huile en filet jusqu'à l'obtention d'une pâte veloutée.

2. Disposer le homard sur une plaque de four, le couvrir de pesto et faire cuire 15-20 minutes, à 200 °C/400 °F, jusqu'à ce que le homard soit cuit.

Suggestion de menu : Ce plat est parfait pour recevoir des invités de marque. On peut commencer le repas par un antipasto, poursuivre avec le homard accompagné de pommes de terre nouvelles à l'huile d'olive et au poivre noir et d'une salade, et finir le tout avec de la crème glacée garnie de liqueur (à l'orange, à la menthe, etc.).

POUR 4 CONVIVES.

Moules Riviera

1 kg/2 ¹/₄ lb de moules nettoyées

15 ml/1 c. à soupe d'huile d'olive

1 oignon finement haché

2 gousses d'ail hachées

4 tomates finement hachées

¹/₂ poivron rouge, finement haché

200 ml/7 oz de vin blanc sec

30 ml/2 c. à soupe de romarin, thym et basilic, hachés ou broyés

Sel, poivre et paprika

Parmesan râpé

1. Faire cuire les moules à la marinière (voir p. 237) et enlever la partie supérieure de la coquille. Disposer les moules sur une plaque de four.

2. Faire chauffer l'huile dans une casserole puis y faire revenir l'oignon, l'ail, les tomates et les poivrons 5 minutes.

3. Ajouter le vin blanc et les herbes, et assaisonner au goût (sel, poivre, paprika). Laisser mijoter le tout 30 minutes ou jusqu'à ce que la pâte épaississe.

4. Couvrir les moules de pâte et de parmesan râpé et passer la plaque sous le gril.

5. Servir les moules dans une grande assiette de service avec de la foccacia.

POUR 4 CONVIVES (comme entrée).

Spaghettini aux pétoncles et à la chapelure frite

12 pétoncles frais (avec le corail)

125 ml/¹/₂ tasse d'huile d'olive extravierge

55 g/2 oz de chapelure

60 ml/4 c. à soupe de persil plat haché

2 gousses d'ail finement hachées

5 ml/1 c. à thé de piment rouge fort, broyé

340 g/12 oz de spaghettini

Sel

60 ml/4 c. à soupe de vin blanc sec

1. Enlever le corail des pétoncles et le réserver. Couper chaque pétoncle en 2 ou 3 tranches. Dans une poêle à frire, faire chauffer 30 ml/2 c. à soupe d'huile puis y faire dorer la chapelure, en la tournant sans cesse, 3 minutes. Retirer la chapelure de la poêle et réserver.

2. Dans la même poêle à frire, faire chauffer 75 ml/ 5 c. à soupe d'huile puis y faire sauter le persil (30 ml/ 2 c. à soupe), l'ail et le piment 2 minutes. Entre-temps, faire cuire les pâtes *al dente* dans de l'eau bouillante salée. Égoutter les pâtes, les remettre dans la casserole et les mélanger avec le reste de l'huile.

3. Faire sauter les tranches de pétoncles dans la poêle 30 secondes, ajouter le vin blanc et le corail réservé, et faire cuire 30 secondes de plus. Ajouter les pâtes, mêler et réchauffer le tout 1 minute. Servir. Garnir chaque assiette de chapelure frite et du reste du persil. Servir avec du parmesan râpé.

POUR 4 CONVIVES.

Moules à la sauce Mornay aux épinards

1 kg/2 ¹/₄ lb de moules nettoyées

30 ml/2 c. à soupe de beurre

45 ml/3 c. à soupe de farine

400 ml/1 ³/₅ tasse de lait

200 g/7 oz de cheddar râpé

55 g/2 oz de parmesan râpé

Sel, poivre, muscade

225 g/8 oz d'épinards miniatures, finement hachés

1. Faire cuire les moules à la marinière (voir p. 237) puis enlever la coquille supérieure des moules.

2. Dans une casserole, faire fondre doucement le beurre. Y incorporer la farine avec une cuiller de bois. Incorporer ensuite le lait, petit à petit, avec un fouet et laisser mijoter la sauce 5 minutes en la tournant constamment.

3. Incorporer les fromages et l'assaisonnement à la sauce. Laisser mijoter 5 minutes puis ajouter les épinards.

4. Disposer les moules sur une plaque de four, les couvrir de sauce Mornay et les faire dorer sous le gril. Servir très chaud.

POUR 4 CONVIVES (comme entrée).

Huîtres grillées au champagne et à la crème

12 huîtres fraîches

45 ml/3 c. à soupe de champagne ou de mousseux sec

30 g/1 oz de beurre

30 ml/2 c. à soupe de crème épaisse

Poivre noir

115 g/4 oz d'épinards miniatures, lavés

1. Ouvrir les huîtres et en retirer la chair. Passer le jus des huîtres dans une petite casserole. Enlever et jeter le muscle des coquilles puis laver et sécher celles-ci. Les disposer dans un grand plat allant au four après avoir couvert celui-ci de papier aluminium froissé de sorte qu'elles soient à niveau.

2. Amener le jus des huîtres à ébullition puis y pocher les huîtres 30-60 secondes. Retirer les huîtres de la casserole. Mettre le champagne (ou le mousseux) dans la casserole et le faire réduire 2 minutes. Retirer la casserole du feu et y incorporer le beurre puis la crème. Poivrer la sauce au goût.

3. Préchauffer le gril du four. Faire fondre les épinards à la poêle 2-3 minutes. Répartir les épinards dans les coquilles, mettre une huître dans chacune puis arroser de sauce. Passer le plat sous le gril 1 minute ou jusqu'à ce que le tout soit bien chaud.

POUR 4 CONVIVES OU MOINS (comme entrée).

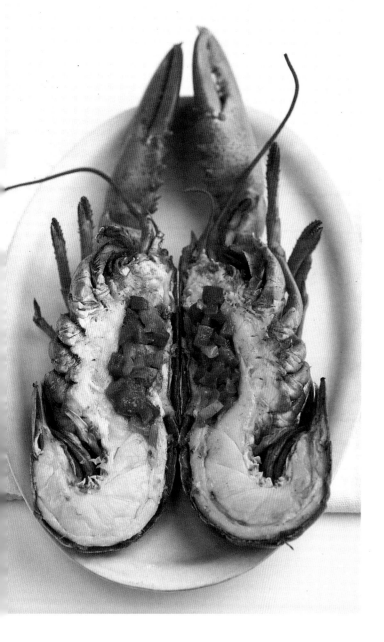

Homard grillé à la sauce au piment rouge

2 homards cuits, d'environ 340 g/12 oz chacun

20 ml/4 c. à thé d'huile d'olive

Piment de Cayenne

SAUCE :

30 ml/2 c. à soupe d'huile d'olive

1 poivron rouge, épépiné et coupé en petits dés

1 petit oignon haché

1 gros piment rouge fort, épépiné et finement haché

15 ml/1 c. à soupe de purée de tomates séchées au soleil

Sel et poivre noir

1. Sauce : Dans une petite casserole, faire chauffer l'huile puis y faire sauter le poivron, l'oignon et le piment 5 minutes. Incorporer la purée de tomates et assaisonner au goût. Mettre la sauce dans un bol.

2. Pour couper un homard en deux sur le long, le mettre sur le dos puis, à l'aide d'un gros couteau bien coupant, le fendre complètement de la tête à la queue. Jeter le petit «sac» grisâtre contenu dans la tête, seule partie non comestible du crustacé. Casser la carapace des pattes avec un petit maillet ou un rouleau à pâtisserie de bois. Une fois les 2 homards préparés, en badigeonner la chair d'huile puis la saupoudrer de piment de Cayenne.

3. Faire chauffer sur feu vif une grande poêle qui n'attache pas (ou une poêle de fonte) puis y faire cuire les homards, du côté de la chair, 2-3 minutes. Disposer les homards dans 2 assiettes, les couvrir de sauce et servir très chaud.

POUR 2 CONVIVES.

repas
légers

Barquettes de crevettes et de porc aux noix de cajou

Huile végétale pour la friture

8 feuilles de pâte à won tons de 12,5 cm²/ 5 po² chacune

30 ml/2 c. à soupe de noix de cajou non salées, rôties

GARNITURE AU PORC ET AUX CREVETTES :

15 ml/1 c. à soupe d'huile d'arachide

10 ml/2 c. à thé de gingembre frais, râpé

1 petit piment rouge frais, finement haché

4 oignons verts (ciboules) finement hachés

250 g/8 ½ oz de porc maigre, haché

115 g/4 oz de crevettes crues, décortiquées et déveinées

15 ml/1 c. à soupe de sauce soja

10 ml/2 c. à thé de sauce au poisson (nam pla)

10 ml/2 c. à thé de miel

10 ml/2 c. à thé de jus de citron

30 g/1 oz de germes de soja

1 petite carotte, coupée en fines lanières

15 ml/1 c. à soupe de coriandre finement hachée

1. Dans une casserole profonde ou une friteuse, faire chauffer l'huile. Placer deux feuilles de pâte l'une dans l'autre en diagonale (voir photo ci-contre). Façonner une petite barquette puis mettre celle-ci dans l'huile bouillante et la faire frire 3-4 minutes. Pour empêcher la barquette de flotter, en couvrir le centre d'une louche lourde. Une fois bien dorée, retirer la barquette de l'huile et la mettre à s'égoutter sur du papier essuie-tout. Répéter l'opération trois fois.

2. Garniture : Dans une poêle à frire, faire chauffer l'huile d'arachide puis y faire sauter le gingembre, le piment et les oignons verts 1 minute. Ajouter le porc et le faire cuire 5 minutes ou jusqu'à ce qu'il soit brun, en le tournant souvent. Ajouter les crevettes, la sauce soja, la sauce au poisson, le miel, le jus de citron, les germes de soja, la carotte et la coriandre, et cuire le tout 4-5 minutes jusqu'à ce que les crevettes changent de couleur.

3. Emplir les barquettes de garniture, garnir de noix de cajou et servir très chaud.

POUR 4 CONVIVES.

Tourte aux fruits de mer au citron

1 kg/2 ¼ lb de pommes de terre coupées en morceaux de grosseur égale

55 g/2 oz de beurre

1 oignon haché

2 branches de céleri émincées

30 ml/2 c. à soupe de farine tout usage

250 ml/1 tasse de bouillon de poisson

Le jus et le zeste finement râpé de 1 gros citron

Sel et poivre noir

455 g/1 lb de morue (ou poisson blanc) désossée et coupée en cubes

170 g/6 oz de moules cuites et décortiquées

30 ml/2 c. à soupe de persil haché

60 ml/4 c. à soupe de lait

1. Faire cuire les pommes de terre en eau bouillante salée 15-20 minutes puis les égoutter.

2. Entre-temps, dans une grande casserole, faire fondre 30 g/1 oz de beurre puis y faire revenir l'oignon et le céleri 2-3 minutes. Ajouter la farine et laisser mijoter, en tournant le mélange, 1 minute puis incorporer peu à peu le bouillon. Faire épaissir la sauce en la brassant continuellement. Ajouter le jus et le zeste de citron et assaisonner au goût.

3. Préchauffer le four à 220 °C/425 °F. Retirer la sauce du feu, y mettre la morue, les moules et le persil, bien mêler et verser le tout dans un plat allant au four. Réduire les pommes de terre en purée avec le reste du beurre et le lait, assaisonner et répartir également la purée sur le poisson. Faire cuire au four 30-40 minutes jusqu'à ce que la sauce bouillonne et que la croûte commence à brunir.

POUR 4 CONVIVES.

Moules et pâtes

30 ml/2 c. à soupe d'huile d'olive

1 gros oignon finement haché

1 gousse d'ail finement hachée

1 poivron rouge finement haché

1 tomate moyenne pelée, épépinée et finement hachée

15 ml/1 c. à soupe de persil haché

1 feuille de laurier

Une pincée de safran

Sel et poivre noir frais moulu

200 g/7 oz de spaghetti cassés en trois

125 ml/$\frac{1}{2}$ tasse de bouillon de veau (ou bouillons de bœuf et poulet mélangés)

24 très petites moules

45 ml/3 c. à soupe de pois verts, frais ou surgelés

Sel et poivre noir

1. Dans une poêle à frire, faire chauffer 15 ml/1 c. à soupe d'huile puis y faire sauter l'oignon, l'ail et le poivron 1 minute puis couvrir, réduire le feu et laisser mijoter 20 minutes. Ajouter la tomate, le persil, le laurier, le safran, du sel et poivre au goût, et laisser mijoter 5 minutes à découvert.

2. Amener une grande casserole d'eau salée additionnée du reste de l'huile à ébullition puis y mettre les pâtes à cuire. À mi-temps de la cuisson des spaghetti, mettre le mélange préparé dans la casserole et ajouter 60 ml/$\frac{1}{4}$ de tasse de bouillon, les moules et les pois. Bien mélanger. Poursuivre la cuisson, 10 minutes, jusqu'à ce que les moules soient ouvertes et les spaghetti *al dente*. Jeter les moules non ouvertes.

3. Ajouter 60 ml/$\frac{1}{4}$ de tasse de bouillon, assaisonner au goût. Servir le tout dans des grand bols. Ce plat peut être préparé d'avance et réchauffé à la dernière minute.

POUR 8 CONVIVES.

Moules et courgettes au gratin

2 kg/4 ¹/₂ lb de moules, brossées et ébarbées

125 ml/¹/₂ tasse d'échalotes finement hachées

110 ml/4 oz d'eau

1 feuille de laurier

160 ml/²/₃ de tasse de vin blanc sec

1 kg/2 ¹/₄ lb de courgettes tranchées

Sel et poivre noir frais moulu

60 ml/¹/₄ de tasse d'huile d'olive

310 ml/1 ¹/₄ tasse de crème

3 jaunes d'œufs

30 ml/2 c. à soupe de gruyère râpé

1. Dans une grande casserole, mettre les moules, les échalotes, l'eau et le laurier. Couvrir et faire cuire à feu vif 5 minutes. Retirer les moules ouvertes de la casserole (jeter les autres).

2. Goûter au liquide de cuisson et, s'il est trop salé, en jeter la moitié. Ajouter le vin, mijoter pour réduire le liquide à 125 ml/¹/₂ tasse. Passer le liquide et le réserver. Décortiquer les moules et les réserver.

3. Assaisonner les courgettes préparées de sel et de poivre puis, dans une grande poêle à frire, les faire dorer dans l'huile d'olive. Mettre les courgettes dans un grand plat à gratiner.

4. Dans un caquelon placé sur feu doux, faire réduire 250 ml/1 tasse de crème (à 185 ml/³/₄ de tasse) puis y incorporer le liquide de cuisson des moules. Dans un petit bol, battre les jaunes d'œufs et le reste de la crème puis leur incorporer 30 ml/2 c. à soupe de la crème réduite chaude. Mettre ce mélange dans le caquelon et retirer celui-ci du feu. Assaisonner au goût.

5. Couvrir les courgettes de moules puis de sauce. Saupoudrer le plat de fromage et le cuire au four, à 225 °C/425 °F, 10 minutes ou jusqu'à ce que la croûte soit dorée.

POUR 4 CONVIVES.

Darnes de saumon grillées et vinaigrette à la menthe

4 darnes de saumon de 170 g/6 oz chacune

Sel et poivre noir

VINAIGRETTE À LA MENTHE :

30 ml/2 c. à soupe de menthe hachée

1 petite échalote finement hachée

90 ml/6 c. à soupe d'huile d'olive ou végétale

Le jus de 1 citron

Feuilles de menthe pour garnir

1. Préchauffer le gril et couvrir la grille de papier d'aluminium. Mettre les darnes sur la grille, les assaisonner légèrement puis les faire cuire 4-5 minutes de chaque côté.

2. Vinaigrette : Mélanger la menthe, l'échalote, l'huile et le jus de citron, et assaisonner au goût. Arroser les darnes de vinaigrette et servir avec les feuilles de menthe.

POUR 4 CONVIVES.

Brochettes de pétoncles et de crevettes à la lime

6 crevettes géantes crues, décortiquées et déveinées

500 g/1 lb de pétoncles

1 gros oignon coupé en huit quartiers

6 brochettes de bambou trempées 30 minutes en eau chaude

MARINADE :

15 ml/1 c. à soupe d'huile d'olive

30 ml/2 c. à soupe de vin blanc

10 ml/2 c. à thé d'aneth finement haché

10 ml/2 c. à thé de persil finement haché

10 ml/2 c. à thé de ciboulette finement hachée

2 gousses d'ail broyées

10 ml/2 c. à thé de zeste de citron râpé

30 ml/2 c. à soupe de jus de lime

Poivre noir frais moulu

1. Enfiler les crevettes, les pétoncles et les oignons sur les brochettes.

2. Marinade : Mélanger les ingrédients indiqués, en couvrir les brochettes et laisser mariner 1 heure.

3. Retirer les brochettes de la marinade et les faire griller 2-3 minutes de chaque côté en les arrosant de marinade durant la cuisson. Servir très chaud.

POUR 6 CONVIVES.

Nouilles au bœuf et aux crevettes

145 g/5 oz de nouilles de riz

15 ml/1 c. à soupe d'huile d'arachide

2 gousses d'ail broyées

250 g/8 ½ oz de bœuf haché maigre

250 g/8 ½ oz de crevettes crues, décortiquées et déveinées

30 ml/2 c. à soupe de sucre semoule

30 ml/2 c. à soupe de vinaigre blanc

15 ml/1 c. à soupe de sauce au poisson (nam pla)

1 piment rouge frais, finement haché

2 œufs légèrement battus

115 g/4 oz de germes de soja

1 grosse carotte râpée

45 ml/3 c. à soupe de coriandre hachée

30 ml/2 c. à soupe d'amandes blanchies, hachées

1. Mettre les nouilles dans un bol, les couvrir d'eau bouillante et les laisser reposer 8 minutes puis bien les égoutter.

2. Dans un wok ou une grande poêle à frire, faire chauffer l'huile et l'ail à feu vif puis y faire sauter le bœuf 2-3 minutes. Ajouter les crevettes et les faire sauter 1 minute. Incorporer le sucre, le vinaigre, la sauce au poisson et le piment, et amener à ébullition en tournant constamment.

3. Incorporer les œufs battus au mélange. Ajouter les germes de soja, la carotte et les nouilles. Bien mélanger. Au moment de servir, garnir le plat de coriandre et d'amandes.

POUR 4 CONVIVES.

Curry de crevettes piquantes

500 ml/2 tasses de lait de coco

5 ml/1 c. à thé de pâte de crevettes

**30 ml/2 c. à soupe de pâte de curry vert
thaïlandaise**

**1 tige de citronnelle (lemon-grass) finement hachée
(ou 1 c. à café/½ c. à thé de citronnelle séchée,
réhydratée en eau chaude)**

2 piments verts hachés

15 ml/1 c. à soupe de cumin moulu

15 ml/1 c. à soupe de coriandre moulue

**500 g/1 lb de grosses crevettes cuites, décortiquées
et déveinées, queue intacte**

3 concombres coupés en deux et tranchés

115 g/4 oz de pousses de bambou, égouttées

**15 ml/1 c. à soupe de concentré de tamarin, dissout
dans 45 ml/3 c. à soupe d'eau chaude**

1. Mettre le lait de coco, les pâtes de crevettes et de
curry vert, la citronnelle, les piments, le cumin et la
coriandre dans un wok. Amener à ébullition puis laisser
mijoter 10 minutes, en tournant le mélange à quelques
reprises.

2. Incorporer les crevettes, le concombre, les pousses
de bambou et le tamarin et laisser mijoter le tout
5 minutes ou jusqu'à ce que les crevettes soient cuites.

POUR 4 CONVIVES.

Crevettes frites au piment rouge

5 ml/1 c. à thé d'huile végétale

5 ml/1 c. à thé d'huile de sésame

3 gousses d'ail broyées

3 piments rouges hachés

1 kg/2 ¼ lb de crevettes moyennes crues, décortiquées et déveinées

15 ml/1 c. à soupe de cassonade

80 ml/⅓ de tasse de jus de tomate

15 ml/1 c. à soupe de sauce soja

Feuilles de roquette

1. Dans un wok placé sur feu moyen, faire chauffer l'huile végétale et l'huile de sésame puis y faire sauter l'ail et les piments 1 minute. Ajouter les crevettes et les faire sauter 2 minutes.

2. Incorporer la cassonade, le jus de tomate et la sauce soja, faire sauter 3 minutes ou jusqu'à ce que la sauce soit bien chaude. Servir très chaud avec les feuilles de roquette.

POUR 4 CONVIVES.

Risotto aux fruits de mer

500 g/1 lb de fruits de mer : crevettes, pétoncles, calmars, etc.

500 g/1 lb de filets de poisson blanc à chair ferme, désossés

30 ml/2 c. à soupe d'huile d'olive

2 gousses d'ail broyées

1 c. à café/½ c. à thé de piment rouge fort, haché

15 ml/1 c. à soupe d'huile d'olive

2 oignons émincés

400 g/14 oz de riz arborio

200 ml/7 oz de vin blanc sec

2 feuilles de laurier

2 pommes de terre pelées et coupées en petits dés

2 branches de céleri tranchées

750 ml/3 tasses de riche bouillon de poisson chaud

2 grosses tomates hachées

125 ml/½ tasse de lait ou de sauce à tacos forte

100 ml/3 ½ oz de crème

1 botte de persil, hachée

2 pommes de terre bouillies et finement tranchées

5 ml/1 c. à thé de paprika

1. Préparer les fruits de mer et couper les filets de poisson en cubes de 2 ½ cm/1 po.

2. Dans une grande casserole, faire chauffer 30 ml (2 c. à soupe) d'huile d'olive puis y faire sauter et cuire l'ail, le piment et le poisson. Retirer le poisson de la casserole et le garder au chaud. Mettre les fruits de mer dans la casserole et les faire sauter et s'attendrir 3 minutes. Retirer la casserole du feu, y remettre le poisson et mêler délicatement le tout. Réserver.

3. Dans une autre grande casserole, faire chauffer l'huile d'olive et y faire sauter les oignons. Ajouter le riz et le faire cuire jusqu'à ce qu'il soit transparent. Verser le vin et laisser mijoter jusqu'à ce que le liquide s'évapore. Ajouter le laurier, les pommes de terre coupées en dés, le céleri et 125 ml/½ tasse de bouillon. Bien mélanger. Une fois le liquide absorbé, ajouter un autre 125 ml (½ tasse) de bouillon. Répéter l'opération jusqu'à ce que tout le bouillon ait été utilisé.

4. Ajouter les tomates hachées, le lait (ou la sauce à tacos), la crème et la moitié du persil. Réchauffer puis retirer du feu. Jeter le laurier puis répartir le mélange dans les bols sur un lit de pommes de terre tranchées. Garnir le tout de persil haché et de paprika, et servir très chaud.

POUR 6 CONVIVES.

Spaghetti aux moules

340 g/12 oz de spaghetti

1 kg/2 ¼ lb de moules fraîches, brossées et ébarbées

30 ml/2 c. à soupe d'huile d'olive

2 échalotes finement hachées

4 gousses d'ail hachées

135 ml/³/₅ de tasse de vin blanc sec

Le zeste râpé de ½ citron

1 c. à café/½ c. à thé de flocons de piment fort

30 ml/2 c. à soupe de persil haché

Poivre noir au goût

1. Faire cuire les spaghetti *al dente* puis les égoutter.

2. Rincer les moules puis les mettre dans une casserole à fond épais. Les faire cuire sans ajouter d'eau 3-4 minutes à feu vif, en les remuant souvent. Jeter les moules qui ne s'ouvrent pas.

3. Dans une grande casserole, faire chauffer l'huile d'olive et y faire revenir les échalotes et l'ail 5 minutes. Ajouter le vin puis faire cuire rapidement 5-6 minutes jusqu'à ce que le liquide soit réduit de moitié. Ajouter les moules, le zeste de citron et le piment fort et faire chauffer 2-3 minutes. Ajouter les spaghetti, le persil et du poivre au goût, et mêler délicatement le tout. Servir très chaud.

POUR 4 CONVIVES.

Palourdes à la provençale

90 ml/2/5 de tasse d'huile d'olive vierge

1 oignon finement haché

1 poivron rouge, coupé en petits dés

4 tomates mûries sur pied, coupées en petits dés

½ branche de céleri émincée

2 gousses d'ail hachées

1 kg/2 ¼ lb de moules, brossées et ébarbées

135 ml/³/₅ de tasse de vin blanc sec

15 ml/1 c. à soupe d'herbes fraîches hachées (thym, romarin, marjolaine)

Sel et poivre

1. Dans une grande casserole placée sur feu vif, faire chauffer l'huile puis y faire sauter l'oignon, le poivron, les tomates, le céleri et l'ail 5 minutes, en les tournant souvent.

2. Ajouter les moules, le vin blanc, les herbes et l'assaisonnement. Couvrir et cuire jusqu'à ce que les moules soient ouvertes. Les brasser fréquemment pour en assurer une cuisson égale.

3. Une fois les moules ouvertes, les servir dans de grands bols avec une salade ou une baguette grillée. On peut accompagner le tout d'un rosé ou vin blanc sec frappé.

POUR 4 CONVIVES.

Crevettes au beurre à la coriandre

750 g/1 ¼ lb de crevettes géantes, décortiquées et déveinées, queue intacte

60 ml/¼ de tasse d'huile d'olive

1 botte de coriandre

2 gousses d'ail broyées

Sel

30 ml/2 c. à soupe de jus de citron

60 ml/¼ de tasse de vin blanc sec et autant de vermouth sec

15 ml/1 c. à soupe de vinaigre de vin blanc

30 ml/2 c. à soupe d'oignon vert (ciboule) haché

85 g/3 oz de beurre

Un peu de jus de citron

Sel et poivre

225 g/8 oz de pois mange-tout

½ poivron rouge coupé en fines lanières

115 g/4 oz de champignons chinois (ou boutons de champignons)

1. Faire mariner les crevettes quelques heures dans l'huile, la moitié de la coriandre, l'ail, le sel (au goût) et le jus de citron.

2. Beurre à la coriandre : mettre le vin, le vermouth, le vinaigre et l'oignon vert dans un caquelon. Amener à ébullition et réduire le mélange à 45 ml/3 c. à soupe de liquide. Réduire le feu et incorporer le beurre. Faire épaissir un peu la sauce puis l'assaisonner de quelques gouttes de jus de citron, de sel et de poivre. Incorporer le reste de la coriandre au mélange.

3. Faire chauffer une grande poêle à frire puis y faire sauter les crevettes 2 minutes. Entre-temps, jeter les pois, le poivron et les champignons dans une casserole d'eau bouillante et les faire cuire 1 minute.

4. Égoutter les légumes puis les mêler délicatement aux crevettes. Répartir le tout dans 4 assiettes et arroser du beurre à la coriandre réchauffé.

POUR 4 CONVIVES.

Crevettes au beurre à la coriandre

Crevettes
sur canapés grillés

500 g/1 lb de crevettes cuites, décortiquées et déveinées

6 oignons verts (ciboules) hachés

10 ml/2 c. à thé de gingembre frais, râpé

10 ml/2 c. à thé de sauce soja légère

1 c. à café/1/2 c. à thé d'huile de sésame

2 blancs d'œufs

6 tranches de pain blanc

30 g/1 oz de panure

Huile pour la friture

1. Mettre les crevettes, les oignons verts, le gingembre, la sauce soja et l'huile de sésame dans le mélangeur ou le robot de cuisine. Hacher grossièrement le tout puis ajouter les blancs d'œufs et mêler encore.

2. Enlever la croûte des tranches de pain et couper ces dernières en trois bandes. Étendre du mélange aux crevettes sur chaque bande.

3. Presser chaque bande de pain, du côté beurré, dans la panure. Faire chauffer de l'huile dans la friteuse ou une grande casserole profonde puis y faire dorer les canapés, quelques-uns à la fois. Transférer les canapés sur de l'essuie-tout à mesure puis les garder au chaud avant de les servir.

DONNE 18 CANAPÉS.

Nouilles à la singapourienne

500 g/1 lb de nouilles fraîches

10 ml/2 c. à thé d'huile végétale

2 œufs légèrement battus

5 ml/1 c. à thé d'huile de sésame

1 oignon haché

1 poivron rouge haché

2 gousses d'ail broyées

1 petit piment rouge frais, haché

8 grosses crevettes crues, décortiquées et déveinées

255 g/9 oz de porc barbecue à la chinoise (ou rôti de porc), émincé

6 oignons verts (ciboules) tranchés

30 ml/2 c. à soupe de coriandre fraîche

5 ml/1 c. à thé de sucre

5 ml/1 c. à thé de curcuma

1 c. à café/½ c. à thé de cumin moulu

30 ml/2 c. à soupe de sauce soja

1. Mettre les nouilles dans un bol, les couvrir d'eau bouillante et laisser reposer 5 minutes. Égoutter et réserver.

2. Dans un grand wok placé sur feu moyen, faire chauffer l'huile, y verser les œufs et les étendre partout dans la poêle. Faire cuire 2 minutes puis enlever l'omelette du wok, la rouler et couper en fines lanières.

3. Faire chauffer l'huile de sésame dans le wok nettoyé puis y faire sauter l'oignon, le poivron, l'ail et le piment 3 minutes. Ajouter les crevettes et le porc, et faire sauter 3 minutes de plus.

4. Ajouter les nouilles, les lanières d'omelette, les oignons verts, la coriandre, le sucre, le curcuma, le cumin et la sauce soja, et faire frire et bien réchauffer le tout 3 minutes. Servir très chaud.

POUR 4 CONVIVES.

Tagliatelles
au crabe frais

340 g/12 oz de tagliatelles sèches

45 ml/3 c. à soupe d'huile d'olive

2 gousses d'ail hachées

1 piment rouge, épépiné et haché

Le zeste finement râpé de 1 citron

**2 crabes frais, préparés (donnant 310 g/11 oz
de chair)**

200 ml/7 oz de crème légère

15 ml/1 c. à soupe de jus de citron

Sel et poivre noir

30 ml/2 c. à soupe de persil haché, pour garnir

1. Faire cuire les pâtes *al dente* puis les égoutter.

2. Dans une grande poêle à frire à fond épais, faire
chauffer l'huile d'olive puis y faire revenir l'ail, le piment
et le zeste de citron 3-4 minutes. Ajouter la chair de
crabe, la crème et le jus de citron, et laisser mijoter
1-2 minutes. Assaisonner au goût le mélange bien
chaud.

3. Répartir les tagliatelles dans les bols, les couvrir du
mélange au crabe et garnir de persil. Servir très chaud.

POUR 4 CONVIVES.

Riz espagnol aux langoustines et aux crevettes

45 ml/3 c. à soupe d'huile d'olive

1 oignon moyen, finement haché

2 calmars frais, nettoyés et finement hachés

1 grosse tomate mûre, pelée et hachée

300 g/10 ½ oz de riz à grains courts

750 ml/3 tasses d'eau

Une pincée de safran

Sel et poivre noir frais moulu

8-16 queues de langoustines fraîches ou surgelées (et dégelées), entières ou coupées en 2

500 g/1 lb de crevettes géantes fraîches, entières, décortiquées ou non

1. Dans une grande poêle à frire, faire chauffer l'huile puis y faire sauter doucement l'oignon et le calmar 5 minutes. Ajouter la tomate et faire cuire 5 minutes de plus.

2. Ajouter le riz, bien mêler et faire cuire 1-2 minutes. Amener l'eau à l'ébullition avec le safran, le sel et le poivre puis en couvrir le riz.

3. Ajouter les crustacés préparés.

4. Faire mijoter le tout jusqu'à ce que le riz soit tendre mais sans le tourner de manière à ce que les fruits de mer restent en surface.

POUR 4 CONVIVES.

Crevettes papillons à l'ail et au piment rouge

1 kg/2 ¼ lb de grosses crevettes vertes, décortiquées et déveinées, queue intacte

30 ml/2 c. à soupe d'huile d'olive

15 ml/1 c. à soupe de jus de citron

2 gousses d'ail broyées

2 piments rouges, épépinés et finement hachés

30 ml/2 c. à soupe de persil haché

125 ml/½ tasse de farine

Huile

Persil haché

Quartiers de citron

1. Préparer les crevettes (voir p. 194) puis les réserver.

2. Dans un grand bol, mélanger l'huile d'olive, le jus de citron, l'ail, le piment et le persil. Ajouter les crevettes, bien mêler et laisser mariner 2-3 heures.

3. Égoutter les crevettes puis les enrober de farine. Dans une grande poêle à frire, faire chauffer un peu d'huile puis y faire sauter les crevettes 2-3 minutes.

4. Égoutter les crevettes sur de l'essuie-tout, les garnir de persil et les servir aussitôt avec les quartiers de citron.

POUR 6 CONVIVES.

Pizza aux crevettes piquantes

1 croûte de pâte à pizza surgelée

45 ml/3 c. à soupe de concentré de tomate

10 ml/2 c. à thé d'huile végétale

5 ml/1 c. à thé de cumin moulu

3 piments rouges, épépinés et hachés

2 gousses d'ail broyées

30 ml/2 c. à soupe de jus de citron

500 g/1 lb de crevettes crues, décortiquées et déveinées

1 poivron rouge émincé

1 poivron vert ou jaune émincé

30 ml/2 c. à soupe de coriandre hachée

30 ml/2 c. à soupe de parmesan râpé

Poivre noir frais moulu

1. Mettre la pâte à pizza sur une plaque légèrement graissée, la badigeonner de concentré de tomate et réserver.

2. Dans une poêle à frire placée sur feu moyen, faire chauffer l'huile puis y faire revenir le cumin, le piment et l'ail 1 minute.

3. Incorporer le jus de citron et les crevettes, et faire cuire 3 minutes.

4. Préchauffer le four à 200 °C/400 °F. Couvrir la pâte à pizza de poivrons puis du mélange aux crevettes. Garnir la pizza de coriandre, de parmesan et de poivre au goût. Mettre au four 20 minutes ou jusqu'à ce que la pâte soit dorée et croquante.

POUR 4 CONVIVES.

Pizza aux crevettes piquantes

Crevettes
en sauce verte

170 ml/6 oz de vermouth sec

2-6 oignons verts (ciboules) hachés

1 branche de persil frais

1 feuille de laurier

Sel et poivre noir frais moulu

750 g/1 ½ lb de crevettes crues, décortiquées et déveinées, queue intacte

8 petites feuilles de laitue au choix

Persil frais et oignon vert (ou ciboule ou ciboulette) haché

SAUCE VERTE :

3-4 feuilles d'épinards ou de bette à cardes étigées

160 ml/²/₃ de tasse de mayonnaise

45-60 ml/3-4 c. à soupe de persil finement haché

30 ml/2 c. à soupe de ciboulette hachée

15 ml/1 c. à soupe d'aneth finement haché (ou la moitié d'aneth séché)

1. Mettre le vermouth, les oignons verts, le persil et la feuille de laurier dans une casserole, assaisonner au goût et amener à ébullition. Ajouter les crevettes et laisser mijoter 2-3 minutes. Égoutter et laisser refroidir.

2. Sauce : Dans une casserole, mettre les feuilles d'épinards ou de bette. Couvrir et faire cuire à feu moyen 1 minute. Jeter les feuilles en eau froide puis les égoutter et assécher sur de l'essuie-tout. Hacher finement les feuilles puis les mettre dans un bol avec la mayonnaise et les herbes. Bien mélanger.

3. Au moment de servir, mettre un peu de sauce en demi-cercle dans 4 petites assiettes. Disposer les crevettes sur la sauce, garnir de feuilles de laitue, de persil et d'oignon vert (ou ciboule ou ciboulette).

POUR 4 CONVIVES.

Moules panées

2 œufs battus

Sel et poivre

1 kg/2 ¹/₄ lb de moules noires, nettoyées, cuites à la marinière (voir p. 237) puis décortiquées

500 ml/2 tasses de chapelure

15 ml/1 c. à soupe d'herbes séchées mélangées

Huile pour la friture

45 ml/3 c. à soupe de sauce tartare

Quartiers de citron

1. Assaisonner les œufs battus puis y mettre les moules préparées.

2. Mélanger la chapelure et les herbes et en enrober les moules. Enlever le surplus de chapelure.

3. Faire frire et dorer les moules dans l'huile quelques minutes.

4. Laisser les moules s'égoutter sur de l'essuie-tout puis les servir aussitôt avec la sauce tartare, les quartiers de citron et une salade verte.

POUR 4 CONVIVES.

Spaghetti marinara

500 g/1 lb de spaghetti

10 ml/2 c. à thé d'huile végétale

10 ml/2 c. à thé de beurre

2 oignons hachés

800 g/28 oz de tomates en conserve, non égouttées et réduites en purée

30 ml/2 c. à soupe de basilic haché (ou la moitié de basilic séché)

60 ml/¼ de tasse de vin blanc sec

12 moules brossées et ébarbées

12 pétoncles

12 crevettes crues, décortiquées et déveinées

125 g/4 ½ oz de rondelles de calmar

1. Faire cuire les spaghetti *al dente* puis les égoutter et réserver au chaud.

2. Dans une poêle à frire placée sur feu moyen, faire chauffer l'huile et le beurre puis y faire sauter les oignons 4 minutes ou jusqu'à ce qu'ils soient dorés.

3. Ajouter les tomates, le basilic et le vin, amener à ébullition puis laisser mijoter 8 minutes. Ajouter les moules, les pétoncles et les crevettes, et faire cuire 2 minutes de plus.

4. Ajouter les rondelles de calmar et faire cuire 1 minute ou jusqu'à ce que tous les fruits de mer soient tendres. Napper les spaghetti de fruits de mer et servir très chaud.

POUR 4 CONVIVES.

Thon à la niçoise

170 g/6 oz de haricots verts fins, coupés en morceaux de 7 ¹/₂ cm/3 po de long

60 ml/4 c. à soupe d'huile d'olive

4 darnes de thon de 170 g/6 oz chacune et de 2 ¹/₂ cm/1 po d'épais

Sel et poivre noir

1 poivron rouge, épépiné et coupé en petits dés

12 tomates cerises coupées en deux

16 olives noires dénoyautées

15 ml/1 c. à soupe de vinaigre balsamique

Persil plat ou coriandre

1. Faire cuire les haricots en eau bouillante salée 3-5 minutes. Les jeter en eau froide, égoutter puis réserver. Dans un plat peu profond, mettre 30 ml/ 2 c. à soupe d'huile puis en enduire les darnes et les assaisonner au goût.

2. Faire chauffer une grande poêle à frire à fond épais sur feu vif puis y faire sauter les darnes 1 minute de chaque côté. Réduire le feu et faire cuire le poisson 1-2 minutes de plus de chaque côté. Réserver.

3. Mettre le reste de l'huile dans la poêle et y faire sauter le poivron 1 minute. Ajouter les haricots, les tomates et les olives, et faire frire 1 minute ou jusqu'à ce que le tout soit bien chaud. Retirer la poêle du feu et incorporer le vinaigre. Servir les darnes garnies du mélange et de persil haché (ou coriandre).

POUR 4 CONVIVES.

Crevettes et légumes chinois braisés

750 g/1 ²/₃ lb de crevettes vertes décortiquées et déveinées

15 ml/1 c. à soupe de mirin ou de sherry sec

5 ml/1 c. à thé de farine de maïs

5 ml/1 c. à thé de sauce soja

12 pois mange-tout

1 paquet de chou fleuri chinois (gai lohn)

75 ml/5 c. à soupe d'huile

ASSAISONNEMENT :

1 c. à café/¹/₂ c. à thé de sel

10 ml/2 c. à thé de sucre

10 ml/2 c. à thé de sauce soja

5 ml/1 c. à thé d'huile de sésame

1. Mettre les crevettes dans un bol avec le mirin (ou le sherry), la farine de maïs et la sauce soja. Bien mélanger, couvrir et réfrigérer 30 minutes.

2. Faire chauffer 60 ml/4 c. à soupe d'huile dans un wok puis y faire sauter les crevettes jusqu'à ce qu'elles changent de couleur. Retirer les crevettes du wok, mettre le reste de l'huile dans celui-ci puis y faire sauter les légumes 2 minutes.

3. Remettre les crevettes dans le wok et assaisonner. Bien réchauffer le tout et servir très chaud.

POUR 4 CONVIVES.

Pétoncles et courgettes au beurre de pommes

**2 courgettes coupées en tranches de 2 ¹/₂ cm/
1 po d'épais**

8 gros pétoncles, avec leur corail

15 ml/1 c. à soupe d'huile d'olive

Sel et poivre noir

85 ml/3 oz de jus de pomme

30 g/1 oz de beurre

Persil plat

1. Passer les tranches de courgettes et les pétoncles dans l'huile puis les assaisonner.

2. Faire chauffer une grande poêle à frire à fond épais sur feu vif puis y faire sauter les courgettes 2 minutes. Tourner les courgettes, ajouter les pétoncles et faire dorer 1 minute.

3. Retirer les courgettes et les pétoncles de la poêle, et les garder au chaud. Verser le jus de pomme dans la poêle, y faire fondre le beurre et laisser mijoter jusqu'à l'obtention d'une sauce sirupeuse. Napper les courgettes et les pétoncles de sauce, garnir de persil et servir très chaud.

POUR 4 CONVIVES.

Pétoncles Santiago

30 ml/2 c. à soupe d'huile d'olive

60 ml/4 c. à soupe d'oignon finement haché

2 gousses d'ail finement hachées

500 g/1 lb de pétoncles coupés en deux

30 ml/2 c. à soupe de persil haché

1 c. à café/¹/₂ c. à thé de thym

1 piment rouge fort séché, épépiné et broyé

Poivre noir frais moulu

500 ml/2 tasses de champignons tranchés

30 ml/2 c. à soupe de brandy espagnol ou de cognac

185 ml/³/₄ de tasse de vin blanc sec

125 ml/¹/₂ tasse de sauce tomate (faite maison de préférence)

Chapelure

Beurre

1. Faire chauffer l'huile d'olive dans une poêle à frire puis y faire fondre l'oignon et l'ail. Ajouter les pétoncles et les saisir, et faire sauter à feu vif 2 minutes en les remuant constamment. Réduire le feu et ajouter le persil, le thym, le piment et du sel et poivre au goût. Ajouter ensuite les champignons et faire cuire 5 minutes. Faire flamber avec le brandy (ou le cognac). Retirer les pétoncles et les champignons de la poêle et en remplir 4-6 coquilles ou ramequins. Mettre le vin et la sauce tomate dans la poêle et amener à ébullition. Assaisonner au besoin et laisser mijoter 10 minutes.

2. Verser la sauce sur les pétoncles. Saupoudrer le tout de chapelure et le garnir de noisettes de beurre. Faire cuire au four, 10 minutes environ, à 230 °C/450 °F. Servir très chaud avec une salade verte et un bon vin blanc sec.

POUR 4 À 6 CONVIVES.

Pétoncles et courgettes au beurre de pommes

Filets de rouget au vin blanc et au persil

125 ml/¹/₂ tasse de farine

5 ml/1 c. à thé de poivre noir, grossièrement moulu

1/8 de c. à café/1/4 de c. à thé de sel marin

4 filets de rouget de 225 g/8 oz chacun

30 ml/2 c. à soupe d'huile d'olive

55 g/2 oz de beurre

2 gousses d'ail broyées

125 ml/¹/₂ tasse de vin blanc sec

30 ml/2 c. à soupe de persil finement haché

1. Mélanger la farine, le poivre et le sel dans un bol puis en enrober les filets.

2. Dans une grande poêle à frire, faire chauffer l'huile d'olive à feu moyen puis y faire cuire les filets 5-6 minutes de chaque côté (ou selon l'épaisseur des filets). Réserver les filets au chaud.

3. Essuyer la poêle, y faire fondre le beurre puis faire revenir l'ail 2 minutes. Verser le vin blanc et laisser mijoter pour faire réduire la sauce. Au moment de servir, ajouter le persil à la sauce et napper les filets de celle-ci.

POUR 4 CONVIVES.

Langoustines au beurre de basilic

**8 queues de langoustines (ou les queues de
16 grosses écrevisses) crues**

BEURRE DE BASILIC :

85 g/3 oz de beurre fondu

30 ml/2 c. à soupe de basilic frais haché

1 gousse d'ail broyée

10 ml/2 c. à thé de miel

1. Couper les langoustines (ou les écrevisses) en deux
sur le long.

2. Beurre de basilic : mettre les ingrédients indiqués
dans un bol et bien mélanger.

3. Badigeonner la chair des langoustines de beurre puis
la faire cuire sous le gril 2 minutes ou jusqu'à ce qu'elle
soit tendre. Arroser du reste du beurre et servir très
chaud.

POUR 8 CONVIVES (comme entrée).

Moules aux champignons et au brandy

30 g/1 oz de beurre

½ oignon finement haché

1 gousse d'ail hachée

145 g/5 oz de champignons sauvages ou de couche, finement hachés

1 kg/2 ¼ lb de moules noires, brossées et ébarbées

100 ml/3 ½ oz de vin blanc sec

Sel et poivre au goût

30 ml/2 c. à soupe de crème épaisse

30 ml/2 c. à soupe de brandy

Persil frais haché

1. Mettre le beurre, l'oignon, l'ail et les champignons dans une poêle et les faire sauter à feu vif 5 minutes. Ajouter les moules, le vin blanc et les assaisonnements. Faire cuire jusqu'à ce que les moules s'ouvrent. Jeter les moules non ouvertes.

2. Ajouter la crème et laisser mijoter 30 secondes. Verser le brandy et laisser mijoter 1 minute de plus.

3. Garnir de persil et servir très chaud.

POUR 3 À 4 CONVIVES.

Pâtes aux crevettes à la sauce au safran

500 g/1 lb de pâtes italiennes (penne)

500 g/1 lb de crevettes cuites, décortiquées et déveinées

115 g/4 oz de pois mange-tout, blanchis

SAUCE AU SAFRAN :

30 g/1 oz de beurre

15 ml/1 c. à soupe de farine

250 ml/1 tasse de lait faible en gras

1 c. à café/½ c. à thé de safran espagnol

15 ml/1 c. à soupe de sauge fraîche, hachée (ou la moitié de sauge séchée)

1. Faire cuire les pâtes *al dente*. Égoutter les pâtes puis les réserver au chaud.

2. Sauce : dans un caquelon, faire fondre le beurre à feu moyen puis y incorporer la farine et laisser mijoter 1 minute. Retirer le caquelon du feu puis incorporer le lait, le safran et la sauge au mélange. Remettre sur le feu et laisser mijoter 3-4 minutes ou jusqu'à ce que la sauce épaississe.

3. Incorporer les crevettes et les pois mange-tout aux pâtes puis couvrir le tout de sauce et servir très chaud.

POUR 4 CONVIVES.

Crevettes aux épinards

100 ml/3 ¹/₂ oz d'huile d'olive

1 oignon coupé en dés

1 poivron rouge, épépiné et coupé en dés

1 gousse d'ail broyée

2 tomates pelées et coupées en dés

1 ¹/₂ paquet d'épinards, lavés et grossièrement hachés

30 ml/2 c. à soupe de vin blanc sec

Le jus de 1 citron

Sel et poivre noir frais moulu

500 g/1 lb de crevettes vertes, décortiquées et déveinées, queue intacte

Quartiers de citron

1. Faire chauffer 30 ml/2 c. à soupe d'huile d'olive dans une grande casserole puis y faire revenir l'oignon. Ajouter le poivron, l'ail et les tomates, et faire cuire 7 minutes. Ajouter les épinards, le vin blanc, le jus de citron. Assaisonner au goût.

2. Couvrir et laisser mijoter 8-10 minutes. Retirer du feu, mélanger et garder au chaud.

3. Mettre le reste de l'huile dans une grande poêle à frire. Y saisir les crevettes et les faire sauter 3 minutes ou jusqu'à ce qu'elles soient cuites.

4. Mélanger délicatement les crevettes et les légumes, et servir avec les quartiers de citron.

POUR 4 CONVIVES.

Pétoncles grillés et sauce à l'ananas

30 pétoncles

Huile de lime ou de piment

Chips tortillas

SAUCE PIQUANTE À L'ANANAS :

115 g/4 oz d'ananas haché

¼ de poivron rouge, finement haché

2 piments verts moyens, finement hachés

15 ml/1 c. à soupe de coriandre hachée

15 ml/1 c. à soupe de menthe hachée

15 ml/1 c. à soupe de jus de lime

1. Sauce : bien mélanger les ingrédients indiqués et laisser reposer 20 minutes.

2. Badigeonner les pétoncles d'huile puis les faire griller 30 secondes de chaque côté sous le gril ou sur le barbecue. Servir aussitôt avec la sauce et les chips.

POUR 4 CONVIVES.

Truites aux amandes et à la sauce au gingembre

Sel et poivre noir

4 truites arc-en-ciel, nettoyées et désossées

30 ml/2 c. à soupe de farine

30 ml/2 c. à soupe d'huile végétale

85 g/3 oz de gingembre frais, finement râpé

30 g/1 oz de beurre

85 g/3 oz d'amandes effilées

30 ml/2 c. à soupe de raisins de corinthe

1. Assaisonner le poisson et l'enrober de farine. Dans une poêle à frire qui n'attache pas, faire chauffer l'huile à feu moyen-vif puis y faire sauter les truites 5 minutes de chaque côté, jusqu'à ce qu'elles soient bien cuites. Retirer les poissons de la poêle et garder au chaud.

2. Dans un petit tamis fin, presser le gingembre râpé au-dessus d'un bol (vous devriez obtenir 20-30 ml/ 4-6 c. à thé de jus).

3. Faire fondre le beurre dans la poêle à frire puis y faire dorer les amandes 2 minutes. Ajouter les raisins et le jus de gingembre, bien réchauffer. Placer les poissons dans une grande assiette de service chaude puis les napper de sauce. Servir très chaud.

POUR 4 CONVIVES.

Moules marinière

1 kg/2 ¼ lb de moules, brossées et ébarbées

1 petit oignon émincé

1 branche de céleri émincée

1 gousse d'ail hachée

55 ml/2 oz d'eau ou de vin blanc sec

Poivre

15 ml/1 c. à soupe de beurre

15 ml/1 c. à soupe de persil haché

1. Mettre les moules dans une casserole avec l'oignon, le céleri, l'ail et l'eau (ou le vin blanc).

2. Faire ouvrir les moules, en les brassant fréquemment de manière à ce qu'elles cuisent également. Au bout de 5 minutes, jeter les moules qui ne se sont pas ouvertes.

3. Poivrer au goût puis ajouter le beurre et le persil aux moules et bien mélanger le tout. Servir très chaud avec du pain frais croustillant.

POUR 4 CONVIVES.

Darnes d'espadon à la sauce tomate

55 g/2 oz de pesto

20 ml/4 c. à thé d'huile d'olive

4 darnes d'espadon

Huile pour la grillade

SAUCE PIQUANTE À LA TOMATE :

2 tomates italiennes, finement hachées

1 petit oignon rouge, finement haché

5 ml/1 c. à thé de poivre noir grossièrement broyé

30 ml/2 c. à soupe de basilic haché

40 ml/¹⁄₆ de tasse d'huile d'olive extravierge

20 ml/4 c. à thé de jus de citron

1. Mélanger le pesto et l'huile d'olive puis en badigeonner le poisson et réserver.

2. Préchauffer le barbecue, huiler légèrement la grille puis faire cuire le poisson 2-3 minutes de chaque côté.

3. Sauce piquante : Mélanger les ingrédients indiqués dans un petit bol.

4. Napper le poisson de sauce et servir.

POUR 4 CONVIVES.

Linguines aux crevettes et aux pétoncles

400 g/14 oz de linguines

1 kg/2 ¼ lb de tomates

Huile d'olive, sel et poivre

85 ml/3 oz d'huile d'olive

200 g/7 oz de pétoncles

200 g/7 oz de crevettes vertes, épluchées

145 g/5 oz de rondelles de calmar

200 g/7 oz de morceaux de poisson blanc à chair ferme

3 gousses d'ail broyées

2 oignons coupés en dés

15 ml/1 c. à soupe de concentré de tomate (facultatif)

85 ml/3 oz d'eau

½ botte de persil, hachée

Parmesan râpé

1. Faire cuire les linguines *al dente* et réserver.

2. Préchauffer le four à 180 °C/350 °F. Couper les tomates en deux et les placer sur une plaque de four. Les arroser d'huile, assaisonner et faire cuire 20-25 minutes.

3. Hacher les tomates dans le robot de cuisine.

4. Dans une poêle à frire, faire chauffer la moitié de l'huile et y faire sauter et cuire les pétoncles et les crevettes 2 minutes ou jusqu'à ce qu'ils soient cuits. Les retirer de la poêle et faire cuire les rondelles de calmar 2 minutes. Les retirer de la poêle, ajouter un peu d'huile et faire sauter le poisson quelques minutes.

5. Retirer le poisson de la poêle, y mettre le reste de l'huile puis y faire sauter l'ail et l'oignon 2-3 minutes. Ajouter les tomates, le concentré de tomate et l'eau et laisser mijoter 10 minutes. Remettre la marée dans la sauce, persiller et assaisonner au goût, et mélanger délicatement le tout. Servir avec du parmesan.

POUR 4 CONVIVES.

Darnes de saumon et sauce hollandaise à l'aneth

40 ml/1 ¹/₃ oz d'huile d'olive extravierge

15 ml/1 c. à soupe de jus de citron

¹/₂ c. à café/¹/₄ de c. à thé de poivre noir grossièrement moulu

4 darnes de saumon de 200 g/7 oz chacune

Un peu d'huile

SAUCE HOLLANDAISE À L'ANETH :

85 ml/3 oz de vinaigre de vin blanc

Poivre noir frais moulu

55 ml/2 oz d'eau

4 jaunes d'œufs

200 g/7 oz de beurre non salé, fondu

40 ml/1 ¹/₃ oz de jus de citron

45 ml/3 c. à soupe d'aneth frais, haché

Sel et poivre noir frais moulu

Pommes de terre rôties

1. Dans un grand bol, mélanger l'huile, le jus de citron et le poivre. Ajouter le saumon, mélanger et laisser mariner 3-4 heures.

2. Sauce : Mettre le vinaigre, le poivre et l'eau dans un caquelon, amener à ébullition et réduire à 15 ml/ 1 c. à soupe de liquide. Mettre le vinaigre et les jaunes d'œufs dans le robot de cuisine et mélanger. Incorporer ensuite le beurre fondu jusqu'à l'obtention d'une purée épaisse. Ajouter le jus de citron, l'aneth, du sel et poivre au goût. Garder la sauce au chaud.

3. Allumer le barbecue ou le gril du four, badigeonner les darnes d'huile et les faire griller 2-3 minutes de chaque côté.

4. Servir le saumon très chaud avec la sauce et les pommes de terre.

POUR 4 CONVIVES.

Crevettes piquantes et tomates séchées

45 ml/3 c. à soupe d'huile d'olive

1 kg/2 ¹/₄ lb de crevettes géantes, décortiquées et déveinées, queue intacte

15 ml/1 c. à soupe de concentré de tomate

10 ml/2 c. à thé de cassonade

2 gousses d'ail broyées

15 ml/1 c. à soupe de sauce de piment

15 ml/1 c. à soupe de coriandre hachée

185 ml/³/₄ de tasse de tomates séchées au soleil, égouttées

15 ml/1 c. à soupe de jus de lime

Germes de pois mange-tout

1. Dans une poêle à frire placée sur feu modéré, faire chauffer l'huile et y faire sauter les crevettes 1 minute de chaque côté. Retirer les crevettes de la poêle avec une écumoire et réserver.

2. Ajouter le concentré de tomate, la cassonade, l'ail, la sauce de piment et la coriandre, et faire cuire 1 minute.

3. Remettre les crevettes dans la poêle et ajouter les tomates. Arroser de jus de lime et mêler délicatement le tout. Disposer les crevettes dans une grande assiette de service et servir avec les germes de pois mange-tout.

POUR 4 CONVIVES.

Tacos aux crevettes

8 tortillas au blé, réchauffées

145 g/5 oz de feta émiettée

GARNITURE AUX FRUITS DE MER :

10 ml/2 c. à thé d'huile végétale

1 oignon haché

2 tomates hachées

370 g/13 oz de poisson à chair ferme, coupé en cubes

255 g/9 oz de crevettes moyennes, décortiquées et déveinées

12 pétoncles

3 piments verts moyens, hachés

30 ml/2 c. à soupe d'origan frais haché

5 ml/1 c. à thé de zeste de citron finement râpé

1. Garniture : dans une poêle à frire, faire chauffer l'huile à feu vif puis y faire sauter l'oignon 4 minutes. Ajouter les tomates et faire cuire 5 minutes. Ajouter le poisson, les crevettes, les pétoncles, le piment, l'origan et le zeste de citron, et faire cuire 3-4 minutes, en tournant constamment, jusqu'à ce que tous les ingrédients soient tendres.

2. Au moment de servir, remplir les tortillas de garniture puis les garnir de feta. Fermer les tortillas et les servir très chaudes.

POUR 4 CONVIVES.

Tacos aux crevettes

Crevettes au poivre

750 g/1 ²/₃ lb de crevettes géantes

1 cube de bouillon de poulet

10 ml/2 c. à thé de farine de maïs

125 ml/¹/₂ tasse d'eau

30 ml/2 c. à soupe de sauce soja

15 ml/1 c. à soupe de sherry sec

30 ml/2 c. à soupe de sauce tomate

1 gousse d'ail broyée

10 ml/2 c. à thé de poivre noir grossièrement moulu

15 ml/1 c. à soupe de miel

30 ml/2 c. à soupe d'huile

500 g/1 lb de fleurets de brocoli

400 g/14 oz de mini-épis de maïs en conserve, égouttés

1 oignon émincé

1 branche de céleri émincée

1 poivron rouge, épépiné et émincé

Farine de maïs (en plus)

15 ml/1 c. à soupe d'eau (en plus)

1. Éplucher et déveiner les crevettes en en gardant la queue intacte. Dans un petit bol, bien mêler le cube de bouillon de poulet, la farine de maïs et l'eau, et réserver.

2. Dans un grand bol, mélanger la sauce soja, le sherry, la sauce tomate, l'ail, le poivre et le miel. Ajouter les crevettes, mélanger, couvrir et laisser mariner au réfrigérateur plusieurs heures.

3. Dans un wok ou une grande poêle à frire, faire chauffer l'huile puis y faire sauter les légumes 2 minutes environ.

4. Mettre les crevettes et la marinade dans le wok et faire cuire le tout à feu vif, en le tournant constamment, jusqu'à ce que les crevettes soient tendres.

5. Délayer la farine de maïs dans l'eau puis l'incorporer aux crevettes. Bien mélanger et laisser mijoter un peu. Servir très chaud.

POUR 4 À 6 CONVIVES.

Spaghettini aux palourdes, au piment et à l'ail

Spaghettini aux palourdes, au piment et à l'ail

680 g/1 ½ lb de petites palourdes en conserve
(ou fraîches)

400 g/14 oz de spaghettini

85 ml/3 oz d'huile d'olive

4 gousses d'ail émincées

4 piments rouges, finement hachés

500 ml/2 tasses de tomates, coupées en petits dés

80 ml/⅓ de tasse de persil haché

Le jus de 2 citrons

Sel et poivre noir frais moulu

1. Si on se sert de palourdes fraîches, laver celles-ci à l'eau courante puis les brosser. Les faire cuire 5 minutes ou plus dans une grande casserole avec un peu d'eau puis jeter celles qui ne se sont pas ouvertes. Réserver un peu d'eau de cuisson.

2. Faire cuire les pâtes *al dente* (avec quelques gouttes d'huile). Les rincer sous l'eau froide, égoutter et réserver.

3. Dans une casserole placée à feu doux, faire chauffer l'huile puis y faire dorer l'ail. Ajouter le piment et les tomates, et laisser mijoter quelques minutes.

4. Ajouter les palourdes, le persil, le jus de citron, le reste de l'huile, les spagettini et un peu d'eau de cuisson des palourdes. Mélanger le tout et laisser mijoter 5 minutes. Assaisonner au goût et servir le plat très chaud.

POUR 4 À 6 CONVIVES.

Linguines aux moules et au jambon

200 ml/7 oz de vin blanc sec

1 kg/2 ¼ lb de moules noires, brossées et ébarbées

45 ml/3 c. à soupe de persil haché

45 ml/3 c. à soupe de ciboulette hachée

30 g/1 oz de beurre

85 g/3 oz de jambon de Parme, coupé en rubans

1 ½ paquet d'épinards, lavés et grossièrement hachés

Sel et poivre noir

750 g/1 ⅔ lb de linguines fraîches

1. Dans une grande casserole, amener le vin blanc à ébullition puis y mettre les moules et 30 ml/
2 c. à soupe de persil et autant de ciboulette. Couvrir et faire cuire 3 minutes. Une fois les moules ouvertes, les mettre dans une passoire placée au-dessus d'un grand bol (réserver le liquide de cuisson). Décortiquer les moules en en gardant quelques-unes dans leur demi-coquille. Jeter les moules endommagées ou non ouvertes.

2. Dans une casserole placée sur feu vif, faire fondre la moitié du beurre puis y mettre le jambon et faire sauter 1 minute. Ajouter les épinards et faire sauter 2-3 minutes. Ajouter les moules avec un peu de leur liquide de cuisson et bien réchauffer le tout. Entre-temps, faire cuire les pâtes *al dente*.

3. Égoutter les linguines et les mettre dans un grand plat de service. Couvrir avec le reste du beurre, le jus de cuisson des moules réservé et la moitié du reste des herbes. Mélanger puis couvrir de moules et de jambon. Mélanger de nouveau et garnir du reste des herbes et des moules dans leur demi-coquille réservée. Assaisonner au goût et servir très chaud.

POUR 4 CONVIVES.

Poissons et frites à l'anglaise et sauce tartare

85 g/3 oz de farine

1 c. à café/¹/₂ c. à thé de sel

15 ml/1 c. à soupe d'huile végétale

125 ml/¹/₂ tasse d'eau froide

4 grosses pommes de terre, coupées en frites épaisses

Huile pour la friture

1 gros blanc d'œuf

4 filets de poisson blanc d'environ 170 g/6 oz chacun

Sel

SAUCE TARTARE :

150 ml/³/₅ de tasse de mayonnaise

15 ml/1 c. à soupe de câpres, égouttées et hachées

15 ml/1 c. à soupe de cornichon sucré mariné haché

15 ml/1 c. à soupe de persil haché

5 ml/1 c. à thé d'échalote finement hachée

1. Sauce tartare : Mélanger les ingrédients indiqués, couvrir et réfrigérer.

2. Dans un bol, mélanger la farine, le sel et l'huile à l'eau froide. Bien mélanger pour obtenir une pâte à frire.

3. Couvrir les frites d'eau froide puis les égoutter et assécher sur un linge de table. Faire chauffer l'huile dans la friteuse puis y faire dorer les frites, en 3 ou 4 fois, 5-7 minutes. Laisser s'égoutter les frites sur de l'essuie-tout puis les garder au chaud. Battre le blanc d'œuf en neige ferme et l'incorporer à la pâte à frire.

4. Réduire un peu le feu sous la friteuse. Enrober les filets de poisson de pâte à frire puis les faire dorer 5-7 minutes. Les laisser s'égoutter un peu sur de l'essuie-tout puis les servir avec les frites et la sauce tartare. Saler au goût.

POUR 4 CONVIVES.

Filets de morue au cheddar et aux tomates

Beurre ramolli

145 g/5 oz de vieux cheddar, râpé

20 ml/4 c. à thé de moutarde granuleuse (Meaux)

60 ml/4 c. à soupe de crème riche (fraîche)

4 darnes de morue épaisses, de 170 g/6 oz chacune

Sel et poivre noir

3 tomates tranchées

1. Préchauffer le four à 200 °C/400 °F et beurrer 4 grands ramequins.

2. Mélanger le cheddar, la moutarde et la crème riche. Mettre un morceau de poisson dans chaque plat à gratiner et assaisonner au goût. Couvrir des tranches de tomate puis du mélange au fromage.

3. Faire cuire au four 25 minutes ou jusqu'à ce que la croûte soit dorée et le poisson bien cuit.

POUR 4 CONVIVES.

Calmars frits

680 g/1 ½ lb de tentacules de calmar

125 ml/½ tasse de semoule fine

5 ml/1 c. à thé de sel

5 ml/1 c. à thé de poivre

250 ml/1 tasse d'huile d'olive, pour la friture

1 citron coupé en quartiers

1. Couper chaque tentacule d'un côté avec un couteau tranchant puis en inciser délicatement la chair en forme de croix. Couper ensuite la chair en rectangles de 2 x 4 cm/1 x 1 ½ po.

2. Dans un bol, mélanger la semoule, le sel et le poivre.

3. Dans un wok ou une grande poêle à frire, faire chauffer l'huile. Enrober le calmar de semoule puis le faire frire, quelques morceaux à la fois, jusqu'à ce qu'il soit croquant et doré. Laisser s'égoutter un peu sur de l'essuie-tout puis servir aussitôt avec les quartiers de citron.

POUR 4 CONVIVES.

Rouget entier au four

1 rouget entier d'1 ½ kg/3 ⅓ lb

Sel et poivre

Le jus de 1 citron

125 ml/½ tasse d'huile d'olive

1 gros oignon émincé

3 gousses d'ail émincées

125 ml/½ tasse de céleri haché

425 g/15 oz de tomates en conserve, pelées

125 ml/½ tasse de vin blanc sec (facultatif)

1 c. à café/½ c. à thé de sucre

5 ml/1 c. à thé d'origan

1. Parer le poisson en en gardant la tête et la queue. Inciser la chair du poisson en forme de croix puis l'assaisonner et arroser de jus de citron. Laisser reposer 20 minutes.

2. Dans une poêle à frire, faire chauffer la moitié de l'huile puis y faire sauter l'oignon, l'ail et le céleri 3 minutes. Ajouter les tomates, le vin (si on s'en sert), le sucre et l'origan. Assaisonner et faire cuire 2 minutes de plus.

3. Étendre le mélange dans un plat à gratiner huilé, le couvrir du poisson. Arroser le poisson du reste de l'huile et faire cuire le tout à 180 °C/350 °F 30-40 minutes (ou plus selon la taille du poisson). Arroser le poisson de sauce à quelques reprises durant la cuisson.

4. Disposer le rouget dans un grand plat de service et le servir avec la sauce et un légume ou une salade verte.

POUR 4 CONVIVES.

Glossaire

À découvert : faire cuire une préparation sans la couvrir.

Al dente : faire cuire des pâtes italiennes *al dente*, c'est les faire bouillir dans beaucoup d'eau salée additionnée de quelques gouttes d'huile d'olive de manière à ce qu'elles soient tendres mais encore croquantes sous la dent.

À l'étouffée : faire cuire lentement à la vapeur, en vase clos, pour conserver le maximum de saveur à un aliment.

Antipasto : terme italien (littéralement «avant le repas») pour décrire une entrée composée de hors-d'œuvre tels que : salami, prosciutto, artichauts marinés, anchois, olives, thon, provolone, etc.

Bain-marie : jeu de deux casseroles emboîtées l'une dans l'autre : celle du bas contient l'eau qui bout et celle du haut la substance à chauffer ou à faire cuire sans contact direct avec le feu.

Bisque : potage préparé à partir d'un coulis de crustacés.

Blanchir : jeter un produit dans de l'eau qui bout (sans le faire cuire) pour l'attendrir et en faciliter le traitement. Le blanchiment terminé, on jette le produit dans de l'eau la plus froide possible pour en arrêter la cuisson.

Bouquet garni : mélange d'herbes employé pour aromatiser les soupes, les viandes, les poissons, divers plats mijotés. La formule classique contient 2 tiges de persil, 1 brin de thym et 1 petite feuille de laurier. On ficèle ensemble ces herbes, on les met dans la préparation et on les jette à la fin de la cuisson. Si on emploie des herbes séchées, on les met dans un nouet de mousseline. On peut ajouter, selon les recettes, et au goût : ciboulette, graines de céleri ou livèche, sarriette, marjolaine ou origan, romarin, sauge, grains de poivre, clous de girofle, etc.

Braiser : faire cuire lentement un produit (poisson, viande, légume) à feu doux et à l'étouffée de manière à lui préserver tous ses sucs.

Calrose (riz) : riz rond américain très prisé pour la fabrication des sushis.

Caquelon : petit poêlon assez profond en fonte émaillée ou en terre cuite.

Caraméliser : faire cuire jusqu'à ce que le sucre présent dans le produit ou la préparation se transforme en caramel.

Chapelure : pain sec broyé ou émietté en particules plus ou moins fines. Voir aussi Panure.

Citronnelle (ou Lemon-grass) : appelée «jonc odorant», cette graminée au délicat goût de citron est très employée dans la cuisine chinoise. On peut facilement s'en procurer, fraîche ou séchée, dans les épiceries asiatiques.

Court-bouillon : préparation aromatisée dans laquelle on fait pocher un poisson ou une viande. Les ingrédients de base requis pour le faire sont : eau, oignon, carotte, laurier et assaisonnements au goût ou selon la recette. On peut aussi se servir de : vin, vinaigre, bouillon, ail, oignons verts (ciboules), fines herbes (graines de céleri, thym, romarin, etc.).

Couscous : semoule de blé traitée pour en faire des granules de diverses grosseurs. Servi avec des légumes et de la viande, c'est le plat national de l'Algérie, du Maroc et de la Tunisie.

Croûtons : petits cubes de pain rôtis ou grillés. On les prépare souvent au beurre ou à l'huile et à l'ail.

Daikon : voir page 79.

Déglacer : dissoudre, avec une cuiller de bois ou un fouet de métal, après les avoir mouillés d'eau chaude ou de vin, les sucs caramélisés par la cuisson au fond d'un récipient.

Dégraisser : enlever la couche de gras qui se forme à la surface d'une préparation. On peut le faire avec une grande cuiller plate ou des feuilles d'essuie-tout qu'on met sur la préparation et qu'on retire et jette une fois qu'elles sont gorgées de gras. On peut aussi mettre la préparation au froid plusieurs heures puis en enlever le gras figé en surface.

Délayer : dissoudre un ingrédient sec (farine, moutarde, fécule) dans un peu de liquide pour en faciliter l'incorporation à une préparation en évitant ainsi la formation de grumeaux.

Dépouiller : enlever la peau d'un poisson.

Désosser : enlever les arêtes d'un poisson ou les os d'une pièce de viande.

Ébarber : enlever les nageoires d'un poisson ou le byssus («barbe») d'une moule.

Écumer : enlever l'écume et les impuretés qui se forment en cours de cuisson à la surface d'une préparation. On se sert à cette fin d'une écumoire, une grande cuiller plate et trouée utile aussi pour retirer un produit du liquide où il a cuit.

Émincer : couper en tranches très fines.

Émulsion : mélange de deux éléments normalement incompatibles (eau et huile par exemple). La mayonnaise en est l'exemple classique.

Enrober : couvrir un produit d'une mince couche de farine, de sucre, de noix moulues, de chapelure, de graines de sésame ou d'épice moulue.

Filet (en) : verser d'un jet très fin un liquide (huile, vinaigre) pour l'incorporer à une préparation.

Flamber (faire) : mettre le feu à un alcool (cognac surtout) avant de le mettre dans une préparation.

Galangal : épice rose proche du gingembre. Vendue fraîche ou émincée en saumure. À défaut d'en trouver, on peut la remplacer par du gingembre.

Glacer : badigeonner une viande, une pâtisserie ou un fruit d'œuf battu, de sirop ou de gelée.

Gras monoinsaturés : un des trois types de gras qu'on trouve dans les aliments. On croit qu'ils n'accroissent pas le taux de cholestérol dans le sang.

Gras polyinsaturés : un des trois types de gras qu'on trouve dans les aliments. Les huiles végétales de carthame, de tournesol, de maïs et de soja abaissent le taux de cholestérol dans le sang.

Gras saturés : un des trois types de gras qu'on trouve dans les aliments. On en trouve en fortes proportions dans les produits animaux et les huiles de noix de coco (coprah) et de palme. Elles accroissent le taux de cholestérol dans le sang.

Gras total : consommation quotidienne totale des trois gras décrits ci-haut. Les nutritionnistes recommandent que les gras ne constituent pas plus de 35 % de l'énergie fournie par la diète.

Gratin (et gratiner) : cuire un plat au gratin consiste à le couvrir de chapelure et de fromage râpé (parfois de paprika) puis à le passer sous le gril du four pour en faire dorer et rendre plus croustillante la croûte.

Gril (sous le) : passer une préparation sous le gril, c'est tout simplement la mettre quelques minutes sous l'élément supérieur du four pour la griller ou en faire dorer la croûte et la rendre plus croustillante.

Huile d'olive : il en existe plusieurs qualités. Par ordre décroissant de qualité, on trouve : l'huile extravierge pressée à froid (1 % d'acidité et goût plein et fruité), l'huile vierge (3 % d'acidité et goût plus léger), l'huile pure pressée à chaud (très acide et d'un goût léger).

Huile de carthame : l'huile la plus riche en gras polyinsaturés, parfois improprement appelée huile de safran.

Inciser : pratiquer de petites incisions dans un poisson, une viande ou un fruit pour éviter que la peau ne se fende ou n'éclate lors de la cuisson.

Julienne (en) : couper les légumes en julienne, c'est les tailler dans le sens de la longueur en fins bâtonnets.

Kamaboko : le nom japonais des bâtonnets d'imitation de fruits de mer. Ils sont constitués de chair de poisson (goberge, requin, morue) traitée. Ils sont riches en protéines mais contiennent malheureusement beaucoup de sodium et de glutamate monosodique qui peut provoquer des allergies chez certaines personnes.

Kimchee : condiment coréen très brûlant fabriqué à partir de chou chinois (Pe-tsai), de piments rouges, d'ail, de sel et parfois d'huîtres fraîches.

Lemon-grass : voir Citronnelle.

Lime de kafir : les feuilles de cet agrume (à goût de citron) sont offertes dans les épiceries thaïlandaises. On peut à la rigueur les remplacer par du zeste de citron râpé.

Macérer : voir Mariner.

Marée : poissons, crustacés et fruits de mer frais destinés à la consommation.

Mariner (ou macérer) et marinade : faire tremper un aliment (viande, poisson, légume) dans divers liquides (vin, vinaigre, huile, etc.) et assaisonnements pour l'attendrir et en exalter les saveurs.

Mesclun : mélange de jeunes feuilles à salade (laitue beurre, laitue rouge, roquette, radicchio, mâche, cresson, moutarde japonaise, etc.).

Mijoter (faire, laisser, mettre à) : faire cuire lentement, à petit feu, dans un récipient couvert.

Nam pla : sauce au poisson thaïlandaise.

Napper : couvrir de sauce un légume ou une viande.

Panure : pain frais broyé ou émietté en particules plus ou moins fines. (Voir aussi Chapelure).

Papillon : pour savoir comment préparer les crevettes papillons, voir page 194.

Parer : enlever toutes les parties endommagées, inutiles ou coriaces d'un produit (légume, poisson, viande, fruit) avant de le traiter.

Passer : mettre une préparation cuite dans une passoire ou un tamis pour en récolter le jus de cuisson (ou la sauce) ou le réduire en purée.

Pocher : faire mijoter un poisson dans un liquide aromatisé en faisant attention à ne pas trop le cuire.

Ramequin : petit récipient de porcelaine utilisé pour la cuisson au four ou au bain-marie.

Réduire (faire) : faire cuire un liquide à feu très vif et à découvert pour en faire un concentré.

Réserver : mettre de côté un produit (jus, liquide de cuisson, bouillon, etc.) pour utilisation ultérieure dans la recette.

Revenir (faire) : faire revenir un aliment, c'est le faire se colorer dans un corps gras chaud en début de cuisson. Si par exemple, on fait revenir des oignons, on peut, selon le temps de cuisson, les faire fondre (blondir), dorer, brunir ou même carboniser très légèrement.

Saisir : saisir un aliment, c'est le mettre dans du gras très chaud pour le faire rapidement rôtir de manière à ce qu'il garde tous ses sucs (donc toute sa saveur) à l'intérieur.

Sashimi : tranches fines de poisson cru généralement servies avec du wasabi ou du gingembre.

Saupoudrer : couvrir un produit d'une légère couche d'une substance pulvérulente (sucre, cannelle, etc.).

Sauter (faire) : faire cuire un aliment à feu vif dans un corps gras en le remuant souvent pour l'empêcher de brûler ou de coller au fond de la poêle.

Sushi : préparation composée d'un poisson ou d'un fruit de mer cru recouvert de riz vinaigré puis enroulé dans une feuille de nori.

Tamiser : affiner une substance en la faisant passer par un tamis.

Thon(s) : voir la description des principales variétés à la page 86.

Vinaigre balsamique : un vinaigre de vin très doux et très parfumé produit dans le nord de l'Italie. Le «vrai» vinaigre balsamique est vieilli durant sept ans dans des barriques de bois.

Vinaigre de riz : vinaigre doux et parfumé moins sucré que le vinaigre de cidre et moins acide que le vinaigre de malt. Le vinaigre de riz japonais est plus doux que le chinois.

Wok : ustensile chinois en forme de cuvette munie de deux anses qu'on pose sur une base circulaire de métal. C'est l'ustensile idéal pour faire sauter dans l'huile les légumes, fruits de mer et poissons coupés en lanières ou en petits morceaux.

Index

INDEX